돈의 흐름을 읽어야 돈을 번다

주식투자,
거인의 어깨에 올라타라

돈의 흐름을 읽어야 돈을 번다
주식투자, 거인의 어깨에 올라타라
1판 1쇄 발행 | 2022년 1월 25일

지 은 이 | 구본영
펴 낸 이 | 이성범
펴 낸 곳 | 도서출판 타래
교정·교열 | 박진영
표지 디자인 | 김인수
본문 디자인 | 권정숙

주소 | 서울특별시 영등포구 양평로30길 14, 911호(세종앤까뮤스퀘어)
전화 | (02)2277-9684~5 / 팩스 | (02)323-9686
전자우편 | taraepub@nate.com
출판등록 | 제2012-000232호

ISBN 978-89-8250-147-0 (13320)

- 이 책은 저작권법에 의해 한국 내에서 보호를 받는 저작물이므로 무단 전재와 무단 복제를 금합니다.
- 값은 뒤표지에 있습니다.
- 파본은 구입한 서점에서 교환해 드립니다.

돈의 흐름을 읽어야 돈을 번다

주식투자, 거인의 어깨에 올라타라

| 구본영 지음 |

도서출판 **타래**

PROLOGUE

이웃집 트레이더가
알려주는 주식 과외

　유튜브 방송 '이웃집 트레이더' 채널을 4년 전부터 운영해오고 있는데 그중 가장 인기 있었던 영상은 투자에 성공해 큰돈을 번 투자자들의 이야기다. 세계적으로 유명한 워런 버핏을 비롯한 투자 거인들의 주식투자법과 국내에서 개인투자자로 시작해 수많은 실패를 통해 슈퍼개미가 되었던 흙수저 출신의 성공한 투자자들의 영상이 인기를 얻었다.

　가장 많은 인기를 얻은 영상은 '500만 원으로 10억 원을 만든 주식투자자 하웅 씨의 투자비법' 영상으로 27만 회의 조회 수를 얻었다. 그야말로 개인투자자의 희망이자 꿈인 이야기였다. 두 번째 인기를 얻었던 영상은 '일본 최고의 부자, 손정의가 35조 원을 투자한 4차산업 회사는?'이라는 영상으로 24만 회의 조회 수를 얻었다. 세 번째 인기를 얻었던 영상은 '2천만 원으로 40억 원을 번 개인투자자의 조언' 영상으로 23만 회의 조회 수를 기록했다. 그 외 '삼성전자로 1조 원을 번 80대 개인투자자', '삼세판 도전으로 천억 원 부자가 된 슈퍼개미 손명완', '3천만 원으로 100억 원을 만든 슈퍼개미 김진수의 투자비법', '200억 원 자산가 대학생 슈퍼개미의 성공투자법 & 투자 조언' 등 수많은 성공 투자자들의 투자법 영상을 소개했고 슬프지만 저의 이야기를 다룬 '주식투자로 집 한 채를 날리고 보니'라는 영상도 인기를 얻었다.

많은 초보 투자자들이 성공한 투자자에게서 배우려는 열망이 조회 수로 나타난 것이라고 생각한다. 수많은 투자자의 성공투자법을 연구한 결과, 다양한 실패를 통해 자기만의 성공법을 만들었다는 것을 알 수 있다. 필자는 독자들과 같은 26년 차 개인투자자다. 젊은 시절에는 해양대를 졸업하고 5대양 6대주를 누비는 외항선 항해사로 만 5년 동안 일했다. 올해 폭발적인 주가 상승을 기록한 HMM(구 현대상선)과 같은 상선의 항해사로 다양한 화물을 세계 곳곳으로 실어나르는 일을 하다가 안정적인 직업인 공무원으로 전직한 후에는 이전에 항해사로 받던 월급에 비해 공무원 월급이 너무 적어 재테크를 시작하게 되었는데 주식의 'ㅈ'도 모르고 주식투자의 세계에 입문한 결과, 그동안 배를 타고 힘들게 벌어놓은 돈을 IMF 시절에 다 잃어 그야말로 쪽박 찬 신세가 되었다. 그래서 주식투자를 ABC부터 제대로 다시 해 보기로 작심하고 성공한 투자자들의 투자법을 벤치마킹하며 실전 투자에 적용했고 오랜 시간 동안 다양한 시행착오를 거치며 나만의 투자법을 정립하고 주식시장의 생리를 어렴풋이나마 깨닫게 되었다.

지난 26년간 주식투자를 해오면서 많은 개인투자자가 투자 실패로 시장에서 사라지는 것을 보았다. 같은 개인투자자로서 안타까움을 느꼈고 '시장에서 살아남는 자가 강한 자'라고 하듯이 미약하나마 주식시장에서 터득한 투자 노하우를 나누고 싶었다. 그래서 지금 한국경제TV에서 주식투자자들과 5년째 함께 하고 있다. 그동안 초보 투자자들이 저의 투자법을 배워 투자에 성공하고 '홀로서기'하는 것을 보며 큰 보람을 느꼈다. 그래서 더 많은 사람과 저의 투자 노하우를 공유하고자 강의한 내용을 책으로 엮었다. 이웃집 트레이더의 실전투자 노하우 '수급투자법'을 독자 여러분이 배워 주식투자에 성공하길 진심으로 바란다.

이웃집 트레이더 구본영

CONTENTS

PROLOGUE **이웃집 트레이더가 알려주는 주식 과외** 4

PART **1 주식투자, 거인의 어깨에 올라타라!**

1장 투자의 거인들에게서 배워보자 13
2장 주식시장은 수요와 공급의 전쟁터 22
3장 우리나라 주식시장을 움직이는 거인들 27
4장 주식투자의 핵심은 돈의 흐름을 파악하는 것 32
5장 적을 알고 나를 알아야 머니게임에서 승리한다 37
* 윌리엄 오닐의 CANSLIM 성공 투자전략 42

PART 2 주식 초보자도 쉽게 돈 벌 수 있는 수급투자

1장 누구나 알 수 있는 증권사 HTS 수급 정보	45
2장 수급투자란 무엇인가?	53
3장 수급분석은 어떻게 하나?	58
4장 수급투자 연간 수익률 결과는?	65
5장 수급투자만 잘해도 평생직업이 될 수 있다	82
* 단기매매 고수들의 매매전략	89

PART 3 실전, 외국인 투자자 수급을 이용해 수익 내는 법

1장 외국인 투자자의 투자 성향	93
2장 외국인 투자자의 투자패턴을 알아보자	100
3장 외국인 수급을 이용해 단기 수익 내는 법	107
4장 외국인 인덱스 수급으로 중기 수익 내는 법	117
5장 미국 시장 분석으로 종목 선정하는 법	126

PART 4 실전, 국내 기관투자자 수급을 이용해 수익 내는 법

1장 국내 기관투자자의 투자 성향 … 135
2장 기관투자자의 매매패턴을 알아보자 … 143
3장 기관투자자 수급으로 단기 수익 내는 법 … 152
4장 기관투자자 인덱스 수급으로 수익 내는 법 … 161
5장 기관투자자 수급 변곡점·눌림목 투자법 … 169
* 에셋플러스자산운용 강방천 회장의
  '투자하기 좋은 기업'이란? … 177

PART 5 실전, 주식 초보자도 쉽게 할 수 있는 종목 선정법

1장 증권사 애널리스트 리포트 분석으로 유망 종목 선정하기 … 181
2장 뉴스·공시 정보를 이용해 투자 종목 선정하기 … 198
3장 시초가·종가 투자 종목 선정하기 … 210
4장 섹터별 순환매를 이용해 투자 종목 선정하기 … 218
5장 왕초보도 땅짚고 헤엄치기 투자, 공모주 청약하는 법 … 228

부록 **꼭 알아두고
사용해야 할 필수 사이트** 234

  1. 금융감독원 전자공시 시스템   234
  2. 증권거래소 전자공시 시스템   235
  3. 공매도 종합 포털 시스템   236
  4. KRX 정보데이터 시스템   237
  5. 금융투자협회   238
  6. 한국예탁결제원 증권정보 포털 세이브로   239
  7. KRX 지분정보 감시 통합 포털   240
  8. 빅 파이낸스 사이트   241
  9. 컴퍼니가이드(CompanyGuide) 사이트   242
10. 해외 사이트 인베스팅닷컴   243

EPILOGUE **주식투자는
세상의 변화에 투자하는 것** 245

PART 1 **주식투자,
거인의 어깨에
올라타라!**

제1장
투자의 거인들에게서 배워보자

우리가 투자의 거인들에게서 배워야 하는 이유는 투자 분야는 경험이 축적되면서 투자 실력이 늘기 때문이다. 초보 투자자가 시행착오를 줄이고 단기간에 투자 실력을 높이기 위해서는 성공 투자자들의 노하우를 배워 자신만의 투자법을 만드는 길이라고 생각한다.

전 세계 모든 투자자가 아는 워런 버핏은 1930년 미국 네브래스카주 오마하에서 태어나 1941년 11살 때 114달러로 첫 투자를 시작해 1993년 63세에 포브스 선정 세계 부호 1위에 올랐다. 워런 버핏의 투자회사 버크셔 해서웨이(그림 1-1)의 시가총액은 무려 452조 원에 달하고 주당 주가는 43만 4,000달러(5억 1,429만 원)다. 주당 가격이 세계에서 가장 비싼 주식인 것 같다.

[그림 1-1] 버크셔 헤서웨이 주가 차트

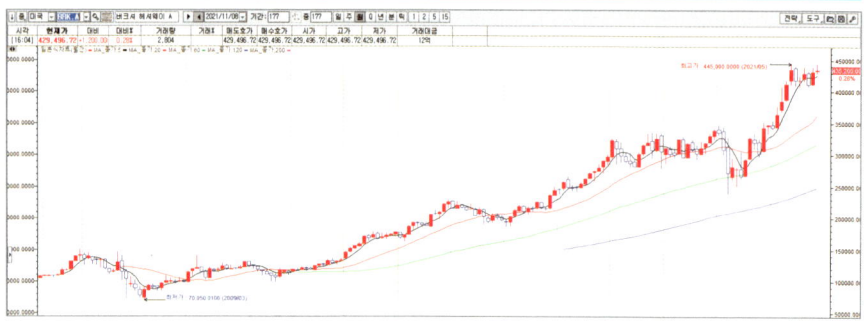

　가치투자의 대가인 워런 버핏은 철저히 '잃지 않는 투자'를 고수해왔다. 유명한 그의 첫 번째 투자원칙은 '절대로 잃지 말라'이고 두 번째 투자원칙은 '첫 번째 투자원칙을 잊지 말라'다. 그만큼 안전한 투자를 강조했고 기업가치보다 싸게 투자하는 원칙을 평생 실천해오며 세계적인 투자 대가가 되었다. 이제 워런 버핏이 알려주는 성공투자 비법을 알아보자.

　첫째, '주식을 사는 이유'에 답하는 것이다. "나는 오늘 삼성전자 주식을 7만 원에 산다. 왜냐하면…"이라고 대답할 수 있어야 한다. 워런 버핏은 투자하려는 주식이 제 가치보다 싸다고 생각할 때만 주식을 사야 한다고 강조한다.

　둘째, '성공의 열쇠는 경영전략'에 있다. 기업의 뛰어난 경영전략이 있어야 기업이 성장할 수 있고 투자자도 투자 성과가 따라온다. 삼성전자도 뛰어난 경영전략 덕분에 대한민국 1등 주식이 되었다.

셋째, '아무 생각 없이 따라하지 말라'다. 다른 사람이 하는 일을 생각 없이 따라 하면 [그림 1-2]와 같이 동반자살하는 래밍쥐떼가 되고 만다.

[그림 1-2] 래밍쥐떼

친구나 지인이 "○○ 종목이 좋다더라", "증권방송이나 유튜브에서 △△ 종목이 좋다더라"라는 말에 해당 기업에 대한 분석도 없이 무턱대고 투자했다가 실패의 쓴맛을 본 적이 있을 것이다. 개인투자자가 쉽게 저지르는 실수다. 스스로 기업을 철저히 분석하고 합리적으로 투자해야 한다.

넷째, 레버리지, 단검을 꽂고 운전하는 것이다. 운전 도중 갑자기 장애물이나 웅덩이가 나타나면 치명적인 사고가 발생할 수 있다. 빚을 내 주식투자를 하면 한순간 파산하게 된다. 저의 주식투자 기간 동안 주식시장 폭락이 여러 번 있었다. 1998년 IMF 국가부도 위기, 2008년 세계 금융위기, 2020년 코로나 위기 등 예상치 못한 주식시장 폭락 때마다 빚으로 투자한 투자자는 대부분 파산했지만 현금 투자자는 시간이 지나면 원금회복과 더불어 위기 시 추가 투자로 큰 투자 수익을 올렸다. 즉 자신의 재정 여건에 맞게 여유자금을 투자해야 한다.

다섯째, 인생이라는 고리는 가장 약한 데서 끊어진다. IMF 시절 잘 나가던 대우그룹이 해체되었다. 대우그룹의 가장 약한 고리는 부채 경영이었기 때문이다. 인생이나 기업이나 투자 세계에서도 빚이 가장 약한 고리가 되어 순식간에 끊어질 수 있다는 것을 명심하자.

다음은 워런 버핏이 말하는 '주식으로 돈버는 방법'이다.

첫째, 투자 철학이 모든 것을 결정한다. 투자가 성공할지 실패할지는 우리의 분석이 얼마나 정확한가에 달려 있다. 즉 우리는 언제 투자해야 하느냐가 아니라 '무엇에' 투자해야 하느냐에 집중해야 한다. 개인투자자가 실패하는 이유 중 하나는 투자원칙도 없이 주먹구구식으로 투자하고 기업에 대한 연구분석도 없이 투자하기 때문이다. 하물며 전자제품을 살 때도 여러 모델을 비교해가며 어떻게 하면 더 싸게 살 수 있는지 많은 시간을 투자하지만 주식투자는 거금을 투자하는 데도 불구하고 아무 분석이나 노력도 없이 투자하다가 아까운 투자금을 잃고 만다.

둘째, 투자 대상 회사의 모든 것을 파악해야 한다. 투자회사의 경영자, 비즈니스 모델, 재무현황, 가격 수준 등 주식투자는 여러분보다 뛰어난 경영자에게 투자해 뛰어난 성과를 낸 기업이 성장하고 이익을 잘 내면 여러분이 투자한 회사의 주가는 상승하기 마련이다. 비즈니스 모델이 향후 성장할 수 있는 사업인지 살펴보아야 하고 재무현황도 건실하고 투자회사의 주가가 내재가치에 비해 싼지 비싼지도 살펴보아야 투자 성과가 나올 수 있다.

셋째, 가격을 마음대로 올릴 수 있는 회사에 투자하라. 경제적 해자가 있는 기업(독점적이고 브랜드가 있는 선두 기업)에 투자해야 성공할 수 있다. 세계적 기업인 애플은 아이폰이라는 스마트폰을 출시하면서 세계 1등 기업이 되었다.

넷째, 저평가된 주식을 싸게 사라. 주식시장은 비합리적일 때가 많다(폭락장일 때 기업가치는 저평가). 저의 투자 경험상으로도 IMF 시절 삼성전자는 35,000원까지 하락했다가 올해 480만 원(액면분할가 96,000원)까지 올라 23년 만에 무려 137배 넘게 올랐다. 2008년 세계 금융위기 당시도 삼성전자는 하한가를 기록하며 40만 원까지 반토막이 났고 2020년 코로나 폭락사태로 42,400원까지 하락했지만 2021년 1월 1년 만에 96,000원까지 두 배 이상 올랐다.

위기 시에는 우량주도 비합리적인 가격으로 저평가 상태가 되고 그때 과감히 투자하면 싸게 살 수 있는 것이다. 워런 버핏은 평소 현금성 자산을 많이 보유한 것으로 유명하다. 그래서 예상치 못한 위기가 닥쳤을 때 보유한 현금으로 저평가된 우량주를 쇼핑해 큰 수익을 올리는 투자를 하고 있다. 여러분도 평소 일정 부분 현금을 보유하다가 위기 시 투자하면 큰돈을 벌 수 있다는 것을 워런 버핏이 증명하고 있으니 실천해보기 바란다.

다섯째, 중요한 것은 자신이 아는 것과 모르는 것이 무엇인지 아는 것이다. 주식투자는 실수를 줄이는 것이 더 중요하다. 여러분의 실패의 대부분은 여러분이 잘 모르는 기업에 투자하기 때문일 것이다. 친구가 추천한 기업이 어떤 기업인지도 모르고 투자하고 방송이나 유튜브에서 추천하는 기업이 돈을 잘 버는지도 모른 채 투자하고 기업가치와 상관 없는 테마주, 급등주에 불나방처럼 투자하기 때문이다. 여러분이 분석해 잘 아는 기업에만 투자한다면 성공 확률은 확연히 높아질 것이다.

출처: 『워런 버핏의 주식투자 콘서트』

전설적인 펀드매니저, 피터 린치의 25가지 투자 황금률

1. 투자는 재미있고 흥분되지만 위험하다. 기업분석을 제대로 하지 않는다면 말이다.
2. 투자자로서의 강점은 당신이 이미 갖고 있다. 당신이 잘 알고 이해하고 있는 기업이나 산업에 투자하는 방식으로 자신의 강점을 활용한다면 전문가보다 더 높은 수익률을 올릴 수 있다.
3. 지난 30년 동안 주식시장은 전문 투자자 집단이 지배해왔다. 일반적인 믿음과 반대로 전문 투자자 집단이 주식시장을 장악하고 있었기 때문에 개인투자자가 주식투자를 하기는 더 쉽다. 당신은 전문 투자자 집단을 무시함으로써 주식시장 평균보다 더 높은 수익률을 달성할 수 있다.
4. 모든 주식 뒤에는 기업이 있다. 기업이 무엇을 하고 있는지 파악하라.
5. 지난 수개월간, 심지어 수년간 기업의 실적과 주가가 따로 노는 경우도 종종 있었다. 그러나 장기적으로 보면 기업의 실적과 주가는 100% 동행하기 마련이다. 장기적으로 기업의 성공과 주식의 성공은 100% 상관관계가 있다. 기업의 성공과 주식의 성공 사이의 괴리가 돈을 벌게 해주는 핵심 요소다. 인내심은 보답받으며 성공하는 기업의 주식을 갖고 있어도 역시 보답받는다.
6. 자신이 어떤 주식을 왜 갖고 있는지 납득할 만한 이유를 말할 수 있는가? "이 주식은 반드시 오를 거야"라는 생각은 별로 중요하지 않다.

7. 위험성이 큰 투기는 대부분 빗나가 손실을 내기 마련이다.
8. 주식을 보유하는 것은 아이를 키우는 것과 같다. 잘 돌볼 수 있는 수준 이상으로는 보유하지 말라. 다른 일을 하면서 주식투자를 하는 시간제 투자자라면 아마도 8~12개 기업을 꾸준히 관찰하며 상황에 따라 사고 팔 시간이 있을 것이다. 그러나 8~12개 기업을 분석하되 어느 경우에도 한 번에 5개 이상의 기업에 투자할 필요는 없다.
9. 매력적으로 느껴지는 기업이 없을 때는 마음에 드는 주식이 나타날 때까지 돈을 은행에 넣어두라.
10. 재정 상태를 이해할 수 없는 기업에는 절대로 투자하지 말라. 주식투자에서 가장 큰 손실은 재무구조가 취약한 기업에서 발생한다. 투자하기 전에 기업이 채무 지불능력이 충분한지 대차대조표를 항상 꼼꼼히 살펴보라.
11. 집중적인 관심을 받는 성장산업의 최고 인기 주식은 피하라. 비인기, 저성장 산업의 위대한 기업이야말로 꾸준히 높은 수익을 안겨준다.
12. 소형주에 투자할 때는 그 기업이 흑자로 돌아설 때까지 기다린 후 투자하는 것이 낫다.
13. 침체된 산업에 투자할 생각이라면 살아남을 수 있는 기업의 주식을 사라. 또한, 침체된 산업이 회복 기미를 보일 때 사라.
14. 1,000달러를 주식에 투자한다면 잃을 수 있는 최대한의 돈은 1,000달러다. 하지만 인내심만 있다면 당신이 벌 수 있는 돈은 1만 달러, 심지어 5만 달러가 될 수도 있다. 펀드매니저들은 수많은 기업으로 투자를 다각화해야 하지만 개인투자자들은 몇 개의 좋은 기업에만 집중할 수 있다.

15. 모든 산업, 모든 지역에서 위대한 성장기업을 먼저 찾아낸 이들은 전문가가 아닌 주의 깊은 개인투자자였다.

16. 주식시장이 하락하는 것은 1월에 눈보라가 치는 것만큼 흔한 일이다. 대비만 되어 있다면 주가 하락은 당신에게 타격을 줄 수 없다. 주가 하락은 공포에 사로잡혀 폭풍우 치는 주식시장에서 빠져 나가려는 투자자들이 내던진 좋은 주식을 싸게 살 기회를 준다.

17. 누구나 주식시장에서 돈을 벌 수 있는 머리는 있지만 누구나 배짱이 있는 것은 아니다. 만약 당신이 주가 하락에 두려움을 느끼고 모든 것을 팔아치우는 성격이라면 주식투자는 물론 주식형 펀드 투자도 피해야 한다.

18. 부정적인 소식과 걱정거리는 항상 있게 마련이다. 주말에 너무 깊이 생각하지 말고 뉴스의 부정적인 전망은 무시하라. 주식을 팔려면 그 기업이 펀더멘탈(Fundamental, 경제 기초)이 약해졌을 때 팔아라. 세상이 무너질 것 같다는 이유로 주식을 팔지는 말라.

19. 금리를 예측할 수 있는 사람은 아무도 없다. 향후 경제 상황과 주식시장의 방향을 예측할 수 있는 사람도 없다. 이런 전망은 깨끗이 잊고 당신이 투자한 기업에 실제로 어떤 일이 벌어지고 있고 어떤 변화가 일어나고 있는지에만 집중하라.

20. 10개 기업을 분석했다면 처음에 생각했던 것보다 경영상황이 훨씬 더 좋은 기업 1개를 발견할 수 있을 것이다. 50개 기업을 분석했다면 5개를 발견할 수 있을 것이다. 주식시장에서는 언제나 투자자를 행복하게 만드는 놀라운 기회가 숨어 있다. 전문 투자자들이 간과하는 탁월한 기업들이 그 기회다.

21. 기업에 대해 전혀 공부하지 않고 주식에 투자하는 것은 포커 카드를 보지도 않은 채 돈을 거는 것과 같다.
22. 뛰어난 기업의 주식을 보유하고 있다면 시간은 당신 편이다. 인내심을 갖고 기다려도 좋다. 월마트를 상장 후 첫 5년 동안 사지 못했더라도 이후 5년 동안 월마트를 사 보유하면 된다. 첫 5년을 놓쳤더라도 그 다음 5년 동안 투자해도 좋을 만큼 월마트는 위대한 기업이었다.
23. 주식투자를 할 배짱이 있지만 기업을 꼼꼼히 분석할 성격이 아니고 시간도 없다면 주식형 펀드에 투자하라. 주식형 펀드에 분산 투자하려면 성장형 펀드, 가치형 펀드, 소형주 펀드, 대형주 펀드 등과 같이 서로 다른 운용 스타일의 몇 개 펀드에 돈을 나눠 넣어라. 똑같은 성격의 펀드로 너무 자주 갈아타면 양도소득세를 많이 내야 한다. 투자한 펀드가 하나든 몇 개든 펀드 수익률이 오르면 변덕스럽게 환매하지 말고 계속 보유하라.
24. 지난 10년 동안 미국 주식시장은 전 세계 주식시장 중 8번째로 총 수익률이 높았다. 고성장 국가에서 수익을 거두고 싶다면 자산의 일부는 과거 운용성과가 우수한 해외펀드에 투자하라.
25. 잘 선정된 주식으로 구성된 포트폴리오나 주식형 펀드는 장기적으로 보면 채권이나 MMF보다 수익률이 높았다. 잘못 고른 주식들로 구성된 포트폴리오는 장롱 속에 숨겨둔 돈보다 수익률이 낮았다.

출처: 「피터 린치의 이기는 투자」

제 2 장
주식시장은 수요와 공급의 전쟁터

 우선 부동산 시장에서 부동산 가격 변동에 미치는 영향은 입주 물량(공급), 대출자금(유동성), 일자리 및 학군(수요) 등의 수요에 비해 공급이 부족하면 최근 부동산 시장처럼 엄청난 가격 상승이 일어나지만 2013~2014년에는 수요에 비해 공급이 많아 미분양 물량이 넘쳐났고 부동산 시장이 침체했다. 주식시장도 주식을 사려는 사람이 팔려는 사람보다 많으면 주가는 오르고 주가가 올랐을 때 사는 사람보다 파는 사람이 많으면 주가는 내린다.

[그림 1-3] **수요와 공급 차트**

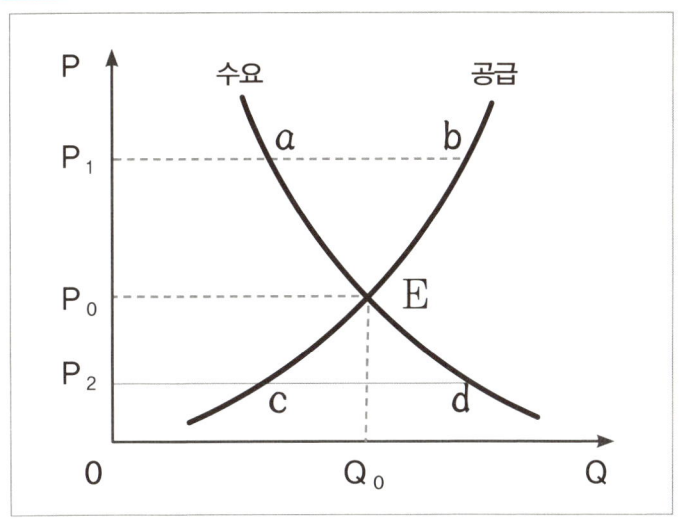

 그렇다면 수요와 공급이 주식시장에 미치는 영향을 살펴보자. 주식시장은 유동성(수요)이 커지면 투자 자금이 들어오고 주식을 사려는 사람이 많아지면서 주가가 오른다. 코로나 사태 이후 정부에서 금리를 제로금리 수준으로 내리면서 유동성이 풍부해져 투자하는 자금이 많아지면서 2020년 3월부터 개인투자자의 순매수 투자 자금은 100조 원이 넘었다. 반면, 공급 측면에서는 기관투자자가 44조 원 순매도, 외국인 투자자가 57조 원 순매도를 기록했다. 2020년에 비해 2021년 주식시장의 주가상승률은 지지부진했다. 그 이유는 시장에 수요보다 공급량이 많아졌기 때문이다.

 우선 기업공개(IPO: Initial Public Offering)에 대해 알아보자. 기업공개는 특정 기업의 주식이 증권시장에서 공식적으로 거래되기 전에 우선 상장하는 과정이다. 기업이 주식을 상장하는 방법 중 가장 많이 사용하는 방법이 바로 기업공개다. 여기서 주식을 공개한다는 것은 기업의 주식을 증권시장에 공식적으로 등록하는 것을 말한다. 기업공개는 여러 장점이 있는데 기업 입장에서는 대규모 자금 조달이 가능해진다. 주식시장 입장에서는 공급량이 증가한다. 작년과 올해 공모주 청약이 많은 사람에게 인기였는데 기업공개 시 공모주를 발행해 투자자가 자금을 납입하고 주식을 받는 것이다. 공모주가 인기를 끄는 것은 기업가치보다 싸게 발행하기 때문이기도 하다.

2021년 카카오뱅크, 카카오페이, 크래프톤, SK바이오사이언스, SK아이이테크놀로지, 현대중공업 등 신규상장하는 대형 주식이 많았는데 공급량이 100조 원 이상 늘어 시장 수요를 초과함으로써 최근 미국 주식시장은 사상 최고치를 경신하는 데도 불구하고 우리나라 주식시장은 답답한 움직임을 보이고 있다. 대형주 신규상장이 이루어지면 수급적으로 기존 종목들이 불리한 측면이 있다. 신규 대형주가 상장되면 KOSPI200 인덱스 지수에 편입되기 때문에 기관투자자들은 기존 주식을 팔아 새로 상장되는 주식을 일정 금액 이상 인덱스 펀드에 편입해야 하기 때문이다. 그야말로 '아랫돌 빼 윗돌 괴는' 격이다.

또 다른 공급적인 요소는 기업이 유상증자를 할 때다. 기업이 유상증자로 자금을 조달하면서 주식을 추가 발행하면서 기업의 주식 수가 늘어나면 공급 증가로 주식가치가 희석되고 주가는 보통 하락하게 된다. 물론 시설투자용으로 자금조달을 하면 향후 매출 증가와 이익 상승으로 주가도 상승하지만 유상증자 용도가 운영자금이나 부채상환용으로 사용된다면 기업의 매출 증가에 크게 작용하지 않기 때문에 주가가 하락할 수 있으니 유상증자

용도를 세밀히 확인해 투자해야 한다.

그리고 최근 코로나 백신과 치료제가 나오면서 경제도 정상화되고 원자재 가격 상승에 따른 인플레이션 영향으로 테이퍼링과 '금리 인상(수요 축소)으로 인한 유동성 축소' 정책 발표는 주식시장의 투자심리를 위축시키는 상황이다.

주식시장에서 수요는 주식을 보유하려는 욕망이다. 하지만 그 욕망은 시시때때로 바뀐다. 시시각각 흘러나오는 뉴스와 루머, 투자자 개인 사정에 따라 긍정적, 부정적 영향을 미친다. 단기적으로 주가는 수요에 의해 움직이는데 유상증자나 신규상장으로 주식 수가 늘어나 주식 공급이 늘어나는 것에 비해 수요가 따라가지 못하면 주가는 하락하게 된다.

개별 주식의 가치가 오를 것으로 기대하는 투자자 수요가 많아지면 가격이 오르는 반면, 떨어질 것으로 예상하는 투자자가 많으면 공급이 늘어 가격이 하락하기도 한다. 기업에 대한 평가는 투자자마다 다르므로 비싸다고 생각하는 사람은 팔고 싸다고 생각하는 사람은 사는 것이다. 즉 주식은 싸다는 수요가 많으면 오르고 비싸다는 공급이 많으면 내리기 때문에 투자자 심리에 의해서도 움직인다고 할 수 있다.

그렇다면 사람들은 어떤 회사가 좋아질 것으로 생각할까? 우선 돈을 잘 벌어 매출과 영업이익 실적이 개선되고 신제품이나 새로운 서비스 출시 기대감이 있거나 기업 인수합병 재료로 주가 상승이 예상되는 회사들을 선호

할 것이다. 이런 회사들에 미리 투자해야 돈을 벌 가능성이 커진다. 그렇지 못한 회사라면 투자하면 안 되고 만약 그런 회사 주식을 보유 중이라면 빨리 파는 것이 좋다.

    이제 매일매일 변화무쌍한 주식시장에서 위에서 언급한 수요와 공급 법칙을 염두에 두고 투자를 시작해보자. 최근 주식시장은 기업 실적이 개선되어 기업가치가 올라가는 주식이나 전기차, 2차전지와 같이 성장성이 있는 섹터, 새로운 4차산업의 선두주자인 인공지능, 자율주행차, 메타버스 등 미래를 변화시킬 업종의 기업들에 투자 자금이 집중되면서 주가 상승을 보이고 있으니 우리 개인투자자들도 실적이 개선되는 회사나 세상의 변화를 이끌어가는 회사에 지속적인 관심을 갖고 투자해보자.

제3장
우리나라 주식시장을 움직이는 거인들

우리나라 주식시장의 3대 투자 주체는 외국인, 기관, 개인이며 힘센 거인은 외국인 > 기관투자자 > 개인 큰손 순이다. 우리나라 주식시장에 참여하는 거인인 외국인과 여러 기관투자자의 투자 성향을 알고 투자하면 투자에 많은 도움이 될 것이다. 개인투자자와 달리 외국인 투자자들과 기관투자자들은 다양한 매매 도구를 사용해 프로그램 매매, 차익거래, 비차익거래, 공매도, 선물을 통한 헷지 전략 등 다양한 전략을 구사한다.

반면, 개인투자자들은 외국인이나 기관투자자에 비해 투자방법이 매우 단순하고 불리한 면이 많으므로 거대 자금력과 정보력을 지닌 외국인이나 기관투자자의 수급을 잘 이용한다면 오히려 기대 이상의 수익을 볼 수도 있다. 즉 거인의 어깨에 올라타 편하게 투자해보자.

◆ **외국인 투자자**

2021년 10월 말 기준 우리나라 전체 시가총액 2,159조 원 중 외국인 보유 시가총액은 약 700조 원(32.4%)을 차지하고 있다.

[그림 1-4] **외국인 보유 시가총액**

구분	KOSPI지수	거래량	거래대금	시가총액	외국인 시가총액	외국인 비중
2021/10/29	2,970.68	54,583	110,357	21,593,759	7,006,949	32.44
2021/09/30	3,068.82	88,582	149,429	22,319,573	7,272,447	32.58
2021/08/31	3,199.27	66,122	158,636	23,090,626	7,538,178	32.64
2021/07/30	3,202.32	68,786	128,082	22,525,455	7,680,460	34.09
2021/06/30	3,296.68	161,038	156,467	23,075,792	7,994,723	34.64
2021/05/31	3,203.92	112,352	140,174	22,402,044	7,794,151	34.79

외국인 투자자로는 투자은행, 뮤추얼 펀드, 외국계 연기금, 헤지펀드 등이 있다.

종류	외국인 투자자 투자 성향
외국계 투자은행	외국계 기관투자자, 단기 5년, 장기 10년 정도 투자
뮤추얼 펀드	다수의 투자자로 모금한 실적 배당형 투자, 투자 목적 법인 회사 형태
외국계 연기금	10년 이상 장기 투자 성향
헤지펀드	단기 수익 목적으로 투기성이 강한 자금

외국인 투자는 환율에 따라 투자 동향이 바뀌는 것이 특징이다. 우리나라와 같은 신흥국 통화가 달러 대비 강세일 때 투자 규모가 늘어난다. 즉 환율이 하락하면 외국인 투자자의 매수 규모가 늘어 코스피 지수가 상승할 수 있는 반면, 환율이 상승하면 외국인 투자자가 매수 규모를 줄이거나 매도함으로써 코스피 지수가 하락할 수 있다.

두 번째는 대규모 자산을 운용하는 기관투자자가 많기 때문에 대형주 선호도가 높다. 시가총액 상위종목인 삼성전자, SK하이닉스, 네이버, 카카오와 같이 유동성이 큰 주식을 선호한다. 코스피 지수는 이런 대형주의 움직임이 지수에 반영되기 때문에 올해처럼 외국인 매도세가 지속될 때는 국내 기관투자자의 매수세가 없다면 지수는 하락할 수밖에 없다. 최근에는 컴퓨터 알고리즘 매매를 이용한 외국인 단기매매 자금이 코스닥 주가를 좌지우지하므로 개인투자자가 수익을 얻기에는 더 힘든 실정이니 외국인의 단기매매에 현혹되지 않기 바란다.

◆ 국내 기관투자자

국내 기관은 주로 주식, 채권 등에 투자하며 금융투자, 투자신탁, 연기금, 은행, 보험, 사모펀드 등이 있다. 주식펀드 금액은 공모 펀드가 약 72조 원, 사모펀드 18조 원, 일임 91조 원 등 총 181조 원 규모다. 그림 1-5의 표에서 HTS에서의 투자 주체별 투자현황을 알 수 있다.

[그림 1-5] 투자자별 매매 종합

시장구분	개인	외국인	기관계	금융투자	보험	투신	은행	기타금융	연기금등	국가,지자체	기타법인	사모펀드
거래소	-1,564	-1,355	2,740	4,021	17	-199	19	32	-1,090		197	-61
코스닥	-757	1,287	-220	-329	5	148	-17	-43	49		-287	-30
KSP200선물	-1,859	4,916	-2,476	-3,895	-6	1,489	59	-33	-90		-579	
KSP200콜옵	18	-5	-8	-1			-7				-4	
KSP200풋옵	-1	20	-7			1	-8				-11	
주식선물	-183	378	-205	-528	-3	185			141		10	

※ 2018.12.10 부터 "국가/지자체"의 매매정보는 "연기금 등"에 통합되어 제공됩니다. (한국거래소)

- 국내 기관투자자의 종류와 투자 성향

종류	국내 기관투자자 투자 성향
금융투자(단기)	증권사, 자산운용사 등이 고유자산으로 투자
보험(장기)	보험법에 설립된 보험회사가 고객의 보험금으로 투자
투신(중기)	증권사, 자산운용사 등이 고객의 자산(펀드)으로 투자
은행(장기)	은행법에 설립된 은행이 고객의 예금으로 투자
기타 금융(장기)	상호저축은행, 벤처금융과 같은 기관이 투자
연기금(장기)	국민연금, 사학연금, 군인연금, 공무원연금이 투자
국가·지자체(단기)	우정사업본부, 예금보험공사, 주택금융공사 등이 투자
기타 법인	주식투자하는 일반 기업이 투자(자사주 매입 포함)
사모펀드(단기)	49인 이하 소수 투자자의 펀드 자금으로 투자

 외국인 투자자와 기관투자자의 매매 동향은 증권사 HTS에서 조회할 수 있다. [그림 1-6]과 같이 외국인 투자자와 기관투자자의 매매 정보가 제공되니 자료를 참고해 세력의 투자 방향과 돈의 흐름을 파악해 투자전략에 이용하면 좋다. 정보력과 거대한 자금을 지닌 투자 거인들이 투자하는 기업들이니 개별주보다 안정적이고 검증된 종목이라고 생각하면 된다.

주식투자, 거인의 어깨에 올라타라

[그림 1-6] 종목 투자자별 매매 상위

종목명	현재가	대비율	외국인	기관계	보험,기타금융	투신	은행	연기금 등	국가,지자체	기타법인
게임빌	136,000	24.89%	-1,088	13,056	136	11,832		1,088		1,360
디어유	66,500	27.86%	-4,599	11,903	199	10,108		1,596		2,128
SK바이오사이언스	221,500	-0.23%	889	6,423		5,980		443		1,772
컴투스	169,300	12.34%	-1,523	5,586	-677	6,772		-507		10,327
조이시티	13,150	9.13%	104	4,471	276	3,655		539		-105
크래프톤	484,500	4.08%	35,811	3,876		-4,845		8,721		-484
카카오페이	150,500	2.38%	5,982	3,461	150	1,655		1,655		-150
카카오뱅크	58,600	2.81%	18,200	3,340		-2,695		6,035		-1,758
SK아이이테크놀로지	161,000	6.62%	-18,015	3,059	-161	3,381		-161		2,093
현대중공업	111,000	1.37%	1,641	2,664	111	111		2,442		-333
DB하이텍	59,600	-1.16%	17	2,205	119	1,966		119		178
데브시스터즈	144,600	10.30%	-867	2,024		867		1,156		-7,519

시간	현재가	대비율	외국인	기관계	보험,기타금융	투신	은행	연기금 등	국가,지자체	기타법인
14:30	135,600	24.52%	-1,084	13,017	135	11,797		1,084		1,356
13:20	129,600	19.01%	-1,036	13,219	129	12,052		1,036		1,814
11:10	132,800	21.95%	-1,062	13,147		12,084		1,062		1,992
10:01	122,800	12.76%	-1,105	2,333		2,333				614
09:30	114,900	5.51%	-1,034							

제 4 장
주식투자의 핵심은 돈의 흐름을 파악하는 것

    2021년 전 국민이 관심을 가지고 공모주 청약에 참여했던 카카오뱅크와 카카오페이가 증시에 상장했다. 카카오톡 사용자라면 모르는 사람이 없을 만큼 친숙하고 편리함을 선사한 벤처기업이다. 그런데 왜 사람들은 공모주 청약에 열광하며 몰려들었을까? 공모주에 청약하면 작은 수익이라도 돈을 벌 수 있다고 확신해 증권사 계좌를 개설해 공모주 청약에 참여한 것이다. 즉 여러분의 돈이 증권시장에 신규상장하는 카카오뱅크와 같은 기업으로 흘러들어간 것이다. 이와 같이 주식시장은 투자 수익을 올릴 수 있는 산업, 업종, 섹터와 회사로 돈이 흘러다니는 공간이다. 그렇다면 어느 곳에 투자해야 투자 수익을 낼 수 있을까? 가장 확실한 방법은 미국 주식시장과 한국 주식시장의 시가총액 1~10위 기업부터 살펴보는 것이다. 미국 주식시장은 1위 애플, 2위 마이크로소프트, 3위 구글, 4위 아마존, 5위 테슬라 순이다. 이 기업들이 어떻게 시가총액 상위권에 올랐는지 알아보자.

애플은 독자 여러분이 많이 사용하는 아이폰을 개발해 거대한 팬덤을 보유한 부동의 1위 스마트폰 브랜드 기업이고 마이크로소프트는 개인용 컴퓨터의 운영체제를 개발했고 클라우드 컴퓨터 서비스를 제공하는 기업이다. 구글은 인터넷 검색 전 세계 1위와 안드로이드폰 운영체제를 개발했고 아마존은 전자상거래와 클라우드 컴퓨팅 서비스 세계 1위 기업이고 테슬라는 전기차 분야 세계 1위 기업이다. 이 회사들은 모두 세상에 없던 제품과 서비스를 개발해 세상의 변화를 이끌어냈다는 공통점이 있다.

국내 주식시장의 1위는 삼성전자, 2위는 SK하이닉스, 3위는 삼성바이오로직스, 4위는 네이버, 5위는 LG화학이다. 삼성전자는 반도체와 안드로이드 스마트폰 1위, 하이닉스는 반도체 2위, 네이버는 국내 인터넷 검색 1위, 삼성바이오로직스는 바이오 의약품 생산 1위, LG화학은 전기차 배터리 제조 1위 업체다. 각 분야에서 세상의 변화를 주도한 회사들에 주식시장의 거대 자금이 집중적으로 흘러들어간 것이다. 즉 우리 개인투자자가 눈을 크게 뜨고 보아야 할 부분이다. 시장의 거대 자금이 어느 산업과 어느 업종 섹터로 흘러 들어가고 나오는지, 어떤 회사로 집중되는지, 시시각각 거대 자금을 운영하는 외국인과 기관투자자의 투자 동향도 살펴보아야 한다. 주식투자로 돈을 벌려면 '돈의 방향'에 가장 민감해야 한다. 주식시장에서 움직이는 자금의 흐름을 매일 체크해보자.

PART 1 주식투자, 거인의 어깨에 올라타라!

[그림 1-7] 증시자금 동향

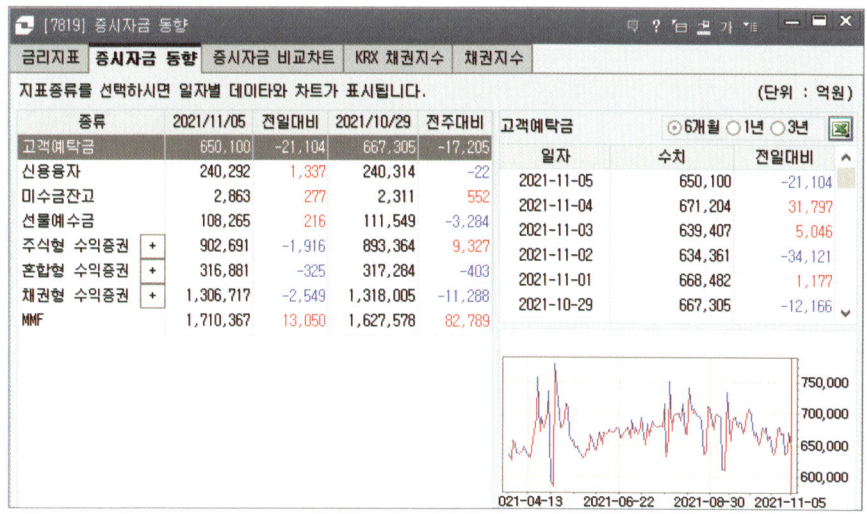

　과거 13년 동안 미국에서 세계적인 마젤란 펀드를 운영하며 1,800만 달러에서 무려 140억 달러로 660배나 성장시킨 전설적인 펀드매니저, 피터 린치는 10루타 수익(텐베거) 종목을 많이 발굴하기로 유명하다. 그가 생활 속에서 투자 아이디어를 발견해 큰 수익을 안겨준 방법은 신제품이나 새로운 서비스가 출시되면서 사람들에게 엄청난 인기가 있었고 제품이 불티나게 팔리는 것을 보면서 소비자의 돈이 그 제품을 만드는 회사로 흘러 들어가는 것을 짐작했고 바로 그 회사의 실적이 발표되기 전에 미리 투자하는 것이었다. 소비자의 돈이 어느 회사로 많이 흘러 들어가는지 유심히 관찰한 결과다.

[그림 1-8] 소비자 쇼핑 트렌드 투자 아이디어

　주식시장의 신용투자 자금도 수시로 체크하자. 신용투자 자금은 빚으로 투자하기 때문에 주가 하락이 심하게 이어질 때는 담보부족금을 상환해야 하는데 만약 상환하지 못하면 반대매매를 당하므로 주가 급락이 나오기도 한다.

[그림 1-9] 신용투자자금 동향

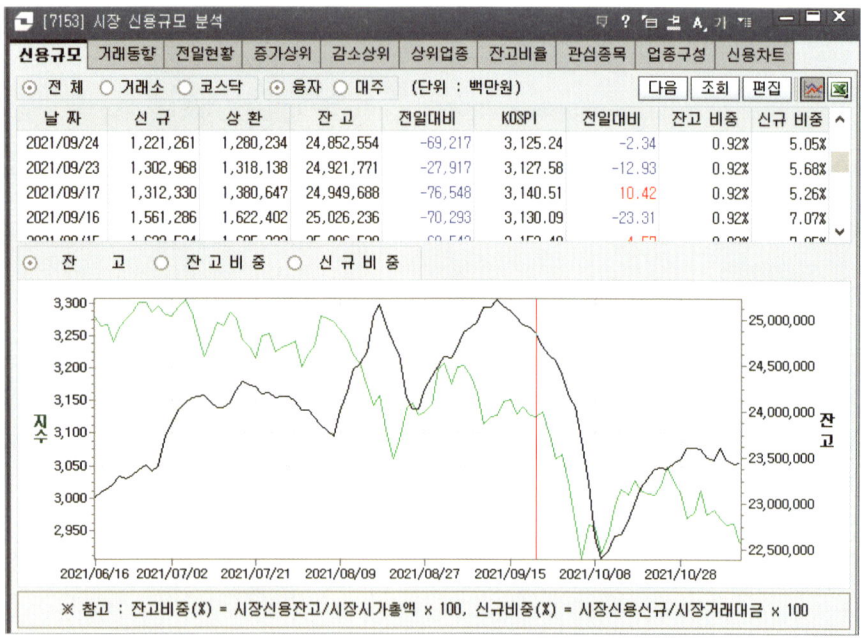

[그림 1-10] 신용 반대매매 주가 하락

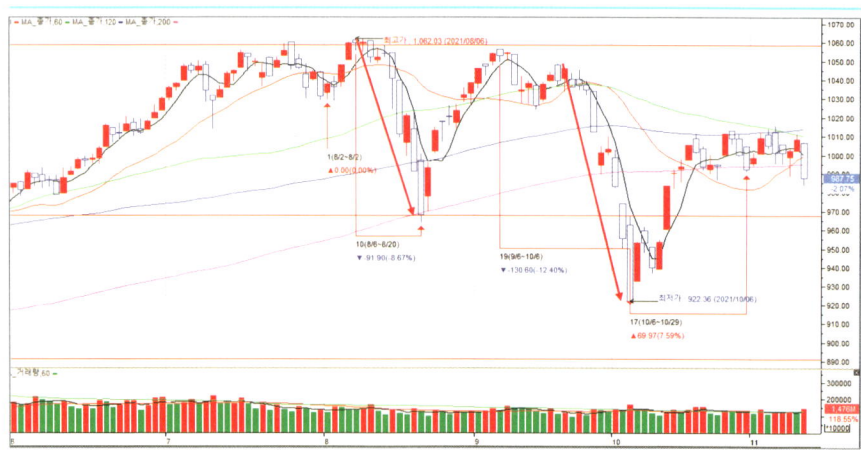

주식투자, 거인의 어깨에 올라타라

제 5 장
적을 알고 나를 알아야 머니게임에서 승리한다

주식시장에서도 손자병법에 등장하는 '지피지기 백전불태[知彼知己 百戰不殆]' 자세로 임해야 한다. 먼저 나는 어떤 투자자인지부터 알아야 한다. 투자 성향에 따라 가치투자자와 트레이더[매매]로 나눌 수 있다. 가치투자자라면 가치투자에 맞는 투자법을 공부해 투자에 임해야 하고 트레이더라면 단기매매에 맞는 투자전략을 구사해야 한다. 투자할 때는 기준이 있어야 하는데 먼저 자신만의 투자 철학과 투자원칙을 세워둬야 한다.

장거리 항해는 먼저 목적지를 정하고 항로를 잘 설정해야 안전하게 도착할 수 있다. 투자 철학과 투자원칙도 없이 무작정 투자하다간 실패해 난파당하기 십상이기 때문이다. 주식시장은 전쟁터다. 전쟁에 임하는 장수는 자신과 싸울 적과 아군의 상태를 파악하지 않고서는 제대로 승리할 수 없다. 투자에 임하는 개인투자자도 나와 싸우는 상대방을 알아야 한다. 투자 행위는 상대방의 주머니에 있는 돈을 내 주머니로 가져오는 21세기 '쩐의 전쟁'이다.

옛날에는 식량과 노동력을 얻기 위해 다른 부족과의 전쟁에서 이겨야 했다면 21세기에는 직장에서 받는 월급 이외의 경제적 여유를 위해, 나의 여유 자본을 크게 늘리기 위해 전쟁을 하는 것이다. 투자가 전쟁이라는 사실도, 내가 누구와 싸우는지도 모른 채 심지어 전투 실력도 키우지 않은 채 전쟁터에 나가면 총알만 낭비할 뿐 백전백패하게 된다. 우리가 주식시장에서 누구와 경쟁하고 누구의 주머니를 털어 돈을 가져와야 하는지 생각해보자.

우리나라 주식시장의 가장 힘센 거인은 외국인 투자자다. 국내 주식시장에서 그들이 차지하는 비중은 30%가 넘는다. 그만큼 거대한 자금을 운용하는 골리앗 거인이다. 심지어 선진 자본주의 사회에서 금융공학으로 무장한 국제 금융 엘리트들이다. 자본주의 세상에서 전 세계 자본을 손아귀에 넣고 이리저리 휘두르는 그들은 도대체 누구일까? 가장 큰손은 유대인이 움직이는 '유대 자본'이다.

한때 세계 경제 대통령으로 불린 그린스펀, 2008년 세계 금융위기 당시 헬기에서 돈을 뿌려 세계 금융시장을 구한 벤 버냉키는 모두 유대인이다. 마이크로소프트, 페이스북, 구글, 뉴욕 타임스, 골드만삭스, 인텔, 스타벅스 등을 경영하는 CEO들도 유대인으로 전 세계 자본을 움직이는 힘은 물론

여론을 좌지우지할 만큼 영향력도 엄청나다. 어쨌든 그들이 운영하는 거대 자본과 투자 실력을 갖춘 스마트 머니가 우리나라 주식시장에서 여러분과 경쟁 중인 것이다. 그들의 정보력과 거대한 자금력을 생각만 해도 위축되지 않는가?

외국인 투자자의 파워 못지않게 국내 기관투자자의 실력도 만만치 않다. 투자를 지휘하는 유능한 펀드매니저들은 선진 금융시장에서 첨단 투자법을 배우고 석·박사까지 공부해 펀드매니저가 되어 거대 자금인 연기금 투자 자금, 공모펀드, 사모펀드 등 수많은 펀드를 운용하는 전문가 집단이다. 그들은 365일 전 세계 자금 흐름과 시장 상황을 하루 종일 손바닥 보듯 모니터링하고 증권사 리서치 센터에서는 분야별 애널리스트가 업종과 기업을 연구·분석 중이다.

이처럼 힘센 거인인 외국인 투자자와 기관투자자가 여러분의 돈을 빼앗기 위해 고성능 무기로 무장한 채 '쩐의 전쟁'을 주도하고 있다. 또한, '슈퍼개미'로 불리는 개인 큰손 투자자도 하루종일 투자에 전념하며 수십 년 동안 산전수전, 공중전까지 겪은 재야의 고수라는 것을 알아야 한다. 여러분은 그들과의 경쟁에서 과연 이길 수 있는가? 하루종일 8시간 회사에서 일하는 짬짬이 경제공부와 투자를 해야 하는 직장인, 사업이나 장사를 하면서 없는 시간을 쪼개 틈틈이 투자하는 사업자, 심지어 주식의 '주' 자도 모른 채 주식시장에 뛰어든 개인투자자도 많다. 투자는 경제지식뿐만 아니라 통찰력도 필요하다.

워런 버핏은 하루 일과 중 독서시간이 ⅜이라고 한다. 투자는 미래에 일어날 수 있는 기대감과 그런 회사에 투자해야 하기 때문에 세상을 읽는 지혜가 필요하다. 투자 전쟁터에서 개인투자자는 외국인 투자자나 기관투자자에 비해 얼마나 불리한지도 알아야 한다. 운동경기에서는 비슷한 체급끼리 겨루지만 투자 경기에서는 모든 체급이 한꺼번에 겨룬다. 즉 씨름판에서 아마추어인 개인투자자가 천하장사인 외국인 투자자, 기관투자자와 씨름을 하는 격이다. 이런 불리한 상황에서 개인투자자는 대박 수익을 바라며 투자하지만 돌아오는 것은 투자손실, 스트레스, 절망뿐이다. 그렇다면 개인투자자는 주식투자로 돈을 벌 수 없는 것일까? 아니다. 개인투자자 중에도 성공한 투자자가 많다. 그들 대부분은 주식시장에서 산전수전, 공중전을 겪으며 풍부한 지식과 경험을 쌓고 돈의 흐름을 파악하는 능력을 키워 자기만의 투자기법으로 무장해 주식시장의 거인인 외국인 투자자와 기관투자자 속에서도 자신만의 단련된 전투력으로 치열하게 싸우고 살아남아 성공한 투자자가 되었다.

초보 투자자는 개인투자자로 성공한 그들의 성공투자법을 벤치마킹하고 투자 지식을 배우고 다양한 경험을 쌓아 자기만의 투자비법과 수익모델을 만들어야 한다. 개인투자자의 적인 외국인 투자자와 기관투자자가 어떤 식으로 주식시장에서 전투하는지 연구·분석해야 한다. 개인투자자는 움직임이 둔한 거인과 달리 발빠른 투자전략을 세울 수 있다는 장점이 있으니 외국인과 기관투자자의 전략을 역이용해 투자에 활용해보자.

주식시장에서는 소위 '작전주'가 개인투자자를 유혹하기도 한다. 작전 세력이 기업가치가 없는 회사를 온갖 호재 뉴스와 루머를 생산하며 주가를 폭등시킨 후 개인투자자에게 떠넘기고 사라지는 사례가 종종 발생하니 특히 초보 투자자는 각별히 조심해야 한다. 또한, 신제품이나 신약 개발에 대한 기대감을 한껏 부풀렸다가 결국 신약 개발에 실패하거나 신제품은 나오지도 않은 채 개인투자자의 무덤이 되는 종목이 종종 있으니 투자하는 기업의 가치를 우선 철저히 분석하고 재무적, 수급적으로 체크해가며 투자해야 한다.

윌리엄 오닐의
CANSLIM 성공 투자전략

C Current Quarterly Earning Per Share
전년 동기 대비 이익이 최소 18% 이상 증가했는가?

A Annual Earnings Per Share
지난 5년 동안 지속적으로 의미있는 이익 성장이 있었는가?

N New Products, New Management, New Highs
신제품, 경영혁신, 신고가 등 주가를 상승시킬 만한 이유가 있는가?

S Supply and Demand
발행 주식 수가 적거나 적당한가?

L Leaders and Laggards
시장 주도주를 사고 소외주는 피하라

I Institutional Sponsorship
기관투자자의 관심을 받고 있는가?

M Market
시장 흐름은 어떤가? (상승장 또는 하락장)

PART 2 주식 초보자도 쉽게 돈 벌 수 있는 수급투자

제1장
누구나 알 수 있는 증권사 HTS 수급 정보

증권사 홈트레이딩 시스템(HTS)에는 주식투자에 필요한 다양하고 도움이 되는 정보가 무척 많으니 잘 이용하기 바란다. 다음과 같은 수급 정보는 필수적으로 파악하고 투자에 이용하면 유용하다.

1) 투자 주체별 매매 동향을 파악하자

외국인 투자자, 기관투자자, 투자금액을 실시간으로 파악하면 당일 매매전략에 바로 이용할 수 있다.
- 순매수 규모가 가장 큰 투자 주체가 시장을 주도한다.
- 외국인·기관투자자가 순매수하는 경우, 상승하는 경향이다.

[그림 2-1] 투자자별 매매 종합

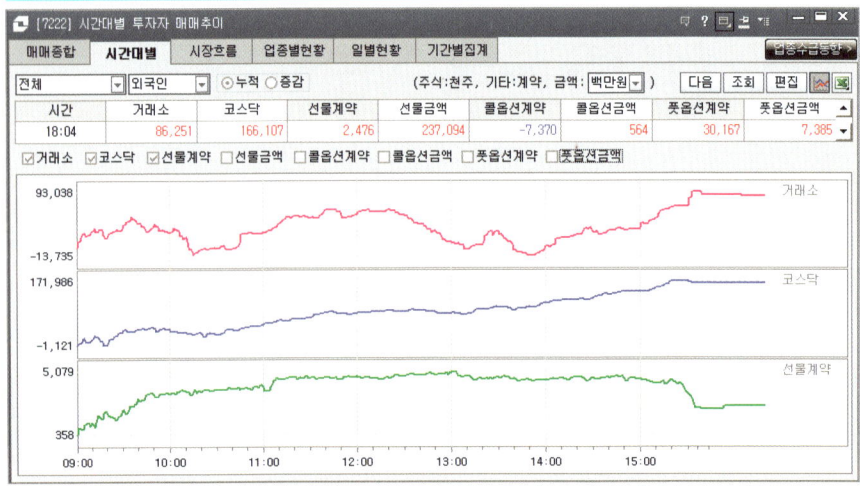

[그림 2-2] 시간대별 투자자 매매 추이

2) 업종별 투자자 매매 현황을 파악하자

당일 외국인·기관투자자가 어느 업종을 순매수하는지 파악해 해당 업종 내에서 단기매매 종목을 선정해야만 수익을 낼 수 있다.

[그림 2-3] 업종별 투자자 매매 현황

업종명	개인	외국인	기관계	금융투자	보험	투신	은행	기타금융	연기금등	국가,지자체	기타법인	사모펀드
KOSPI지수	1,314	862	-2,426	16	104	-625	39	-23	-1,409		227	-528
대형(시가총액)	2,401	61	-2,672	54	72	-451	36	-9	-1,781		202	-592
중형(시가총액)	631	135	-767	-170	-23	-253	1	-6	-337		-8	22
소형(시가총액)	-56	100	-59	10	-4	-27	-4	-1	51		5	-83
음식료품	67	-36	-36	-6	2	-2	7		-33		5	-4
섬유, 의복	61	36	-87	-5		-52	-3		10		-10	-37
종이, 목재	-4	2	1						1			
화학	-242	921	-653	-111	-74	-118		1	-359		-29	8
의약품	276	-127	-155	40	-17	-12	2		-124		2	-44
비금속광물	65	61	-124	-100	-3	12			-25		-1	-7
철강, 금속	193	19	-231	-128	2	17	1	1	-157		18	32
기계	-145	-8	155	154	1	1	3		-8		-6	3
전기, 전자	2,166	-1,266	-855	468	25	-267	7	-27	-640		-52	-421
의료정밀	-140	-39	14	45		-6			-28		164	5
운송장비	843	-428	-450	17	-27	-105	5	-7	-291		34	-40
유통업	527	-175	-345	-31	-23	-94	3	3	-160		-8	-42
전기가스업	67	58	-125	-70		-4			-44		-1	-5
건설업	303	-107	-187	-89	-9	-39	-10		-89		-9	51
운수창고	-321	419	-121	-167	-7	3			-44		24	93
통신업	116	-26	-132	-84	-1	8			-55		43	
금융업	853	-502	-435	-42	-28	-239	10	13	-81		81	-68
은행	-182	78	83	-8	-7			-1	121		20	-20
증권	50	-43	-4	12	4	-16		13	-16		-3	-1
보험	294	-211	-96	26	-17	-53			-43		11	-8
서비스업	-3,226	1,962	1,394	169	253	279	12	-8	706		-125	-18
제조업	3,028	-805	-2,468	332	-78	-537	24	-32	-1,640		221	-536
KOSPI 200지수	1,757	424	-2,239	32	119	-526	42	-19	-1,417		49	-470

※ 2018.12.10 부터 "국가/지자체"의 매매정보는 "연기금 등"에 통합되어 제공됩니다.(한국거래소)

위 그림에서 외국인 순매수 업종은 서비스업 〉 화학 〉 운수창고 순이므로 당일에는 서비스업(게임)과 화학(2차전지) 업종에서 매매해야 단기매매 성과를 낼 수 있다.

3) 외국계 증권사 매수 상위를 파악하자

외국계 증권사의 매수 상위 종목을 파악해 당일 단기매매에 이용하면 성공할 확률이 높다.

[그림 2-4] 외국계 증권사 매수 상위 종목

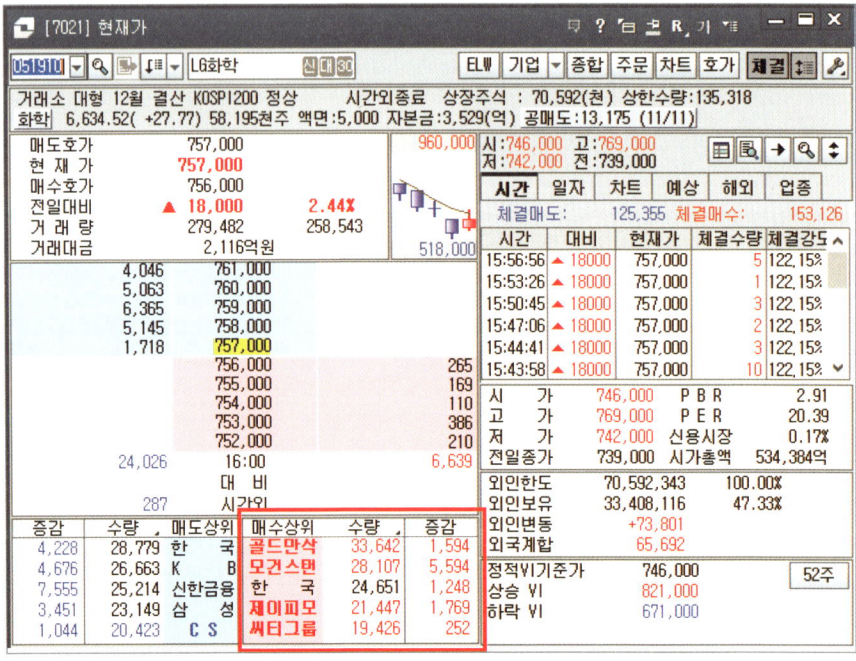

[그림 2-5] 현재가 메뉴에서의 외국계 증권사 매수 현황

주식투자, 거인의 어깨에 올라타라

4) 종목별 프로그램 매매 상위 종목을 파악하자

프로그램 매수는 외국인 투자자가 주로 이용하며 당일 매수세가 지속되고 상승률도 좋으니 장 초반에 수급을 포착해 매수하면 당일에도 단기로 수익을 낼 수 있다.

[그림 2-6] 거래소 종목별 프로그램 매매 상위

종목명	현재가	대비	대비율	거래량	프로그램매매 (금액 : 천원)		
					매도	매수	순매수
엔씨소프트	786,000 ↑	181,000	29.92%	3,655,331	255,332,227	401,963,410	146631183
LG화학	757,000 ▲	18,000	2.44%	279,482	63,034,614	105,444,125	42,409,511
카카오	125,500 ▲	1,500	1.21%	1,955,371	43,860,774	86,149,909	42,289,134
크래프톤	540,000 ▲	55,500	11.46%	1,822,609	153,008,343	193,908,582	40,900,238
HMM	27,450 ▲	750	2.81%	4,046,607	15,545,384	45,137,192	29,591,808
카카오뱅크	59,100 ▲	500	0.85%	1,131,245	8,334,106	29,233,696	20,899,590
하이브	389,000 ▲	4,000	1.04%	278,757	14,048,963	31,633,946	17,584,983
대한항공	30,550 ▲	100	0.33%	2,424,645	8,757,255	23,106,020	14,348,765
더블유게임즈	72,800 ▲	4,200	6.12%	2,366,951	20,799,941	33,856,854	13,056,913
NHN	93,400 ▲	200	0.21%	763,374	8,653,492	21,404,340	12,750,848
LG생활건강	1,191,000			42,515	10,742,023	23,342,277	12,600,254
대덕전자	20,150 ▲	1,150	6.05%	4,995,469	7,672,699	18,768,084	11,095,385
SK하이닉스	107,500 ▼	-1,000	-0.92%	2,731,498	75,383,207	85,258,226	9,875,019

[그림 2-7] 코스닥 종목별 프로그램 매매 상위

5) 종목별 투자자 잠정 매매 동향을 파악하자

장중에 외국인 투자자와 기관투자자의 매매 동향이 여러 번 발표되니 당일 양 매수 수급을 파악해 매수하면 당일 단기로도 수익을 낼 수 있다.

[그림 2-8] 거래소 투자자 잠정 매매 동향

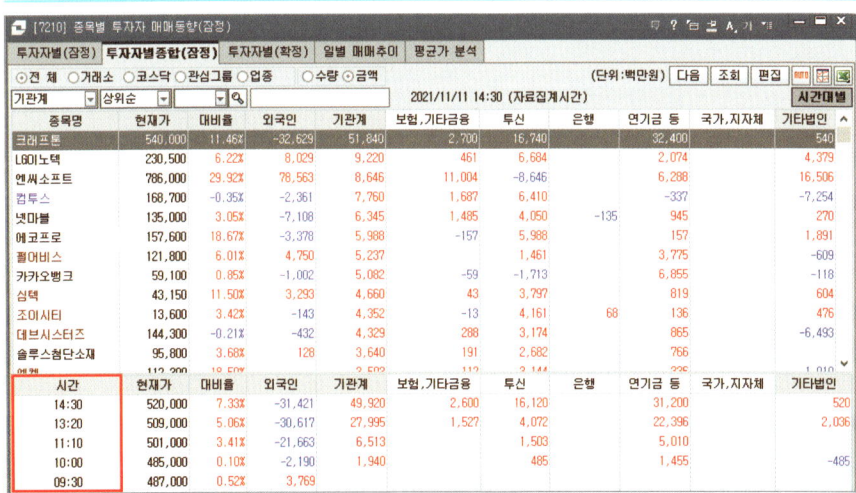

주식투자, 거인의 어깨에 올라타라

[그림 2-9] 코스닥 투자자 잠정 매매 동향

종목명	현재가	대비율	외국인	기관계	보험,기타금융	투신	은행	연기금 등	국가,지자체	기타법인
컴투스	168,700	-0.35%	-2,361	7,760	1,687	6,410		-337		-7,254
에코프로	157,600	18.67%	-3,378	5,988	-157	5,988		157		1,891
펄어비스	121,800	6.01%	4,750	5,237		1,461		3,775		-609
심텍	43,150	11.50%	3,293	4,660	43	3,797		819		604
조이시티	13,600	3.42%	-143	4,352	-13	4,161	68	136		476
데브시스터즈	144,300	-0.21%	-432	4,329	288	3,174		865		-6,493
엔켐	112,300	18.59%		3,593	112	3,144		336		-1,010
천보	320,000	5.68%	-640	2,560		2,560				2,560
NHN한국사이버결제	64,100	11.67%	6,689	2,499		1,153	-64	1,410		
디어유	65,700	-1.20%	-657	2,496		2,233		262		-525
게임빌	158,500	16.54%	-158	2,060		1,426		634		-2,219
동화기업	99,500	14.50%	696	1,393		1,293		99		696

시간	현재가	대비율	외국인	기관계	보험,기타금융	투신	은행	연기금 등	국가,지자체	기타법인
14:30	171,300	1.18%	-2,398	7,879	1,713	6,509		-342		-7,365
13:20	172,100	1.65%	-1,376	5,851	1,032	4,990		-172		-7,056
11:10	176,800	4.43%	-3,182	4,950	353	3,182		1,414		-1,237
10:00	180,800	6.79%	-2,712	3,073		1,808		1,265		-1,265
09:30	175,800	3.84%	-2,285							

(외국인 투자자 하루 5회, 기관투자자 4회 발표됨)

6) 투자자별 확정 매매 상위 종목을 파악하자

장 종료 후 거래소와 코스닥 외국인·기관투자자의 매수 상위 종목을 파악해 큰손 투자자가 어느 업종과 종목에 투자하는지 파악하고 주식시장의 '돈의 흐름'을 매일 읽어야 한다.

[그림 2-10] 기관 매수 상위 종목(확정)

순매도 종목명	수량(백주)	금액(백만원)	순매수 종목명	수량(백주)	금액(백만원)
SK아이이테크놀로지	3,686	59,517	크래프톤	2,052	105,097
LG화학	340	25,793	엔씨소프트	777	49,504
삼성SDI	282	20,846	LG이노텍	1,474	33,619
삼성전기	1,285	20,304	컴투스	1,364	23,486
TIGER 차이나전기차SO	8,876	17,850	두산중공업	8,228	21,073
KODEX 레버리지	7,405	16,497	넷마블	1,512	20,467
SK이노베이션	701	15,658	펄어비스	1,067	12,939
TIGER 미국필라델피아	12,933	15,322	동화기업	1,170	11,113
LG전자	1,274	14,877	KODEX 인버스	25,285	10,553
코스맥스	1,239	13,043	조이시티	7,482	10,252
카카오게임즈	1,384	12,903	현보	318	10,110
KODEX 코스닥150선물	29,326	12,551	카카오뱅크	1,369	8,067
포스코케미칼	882	12,416	엔켐	711	7,432
기아	1,462	12,259	아모레퍼시픽	366	6,735
POSCO	443	12,123	KODEX 코스닥150 레버	4,251	6,555
NAVER	287	11,685	셀트리온헬스케어	735	6,354
삼성물산	993	11,126	데브시스터즈	396	5,921

[그림 2-11] 외국인 매수 상위 종목(확정)

순매도 종목명	수량(백주)	금액(백만원)	순매수 종목명	수량(백주)	금액(백만원)
삼성전자	21,797	152,128	엔씨소프트	1,709	115,517
SK아이이테크놀로지	1,807	29,419	LG화학	732	55,527
NAVER	553	22,538	카카오	3,174	39,352
두산퓨얼셀	4,092	21,336	크래프톤	666	35,336
휴젤	1,460	19,340	HMM	10,228	27,890
하나금융지주	4,179	18,111	삼성SDI	335	24,898
삼성물산	1,504	16,735	심텍	4,396	18,522
기아	1,871	15,734	피엔티	4,161	18,315
현대차	580	11,888	다날	16,572	15,448
KODEX 인버스	27,374	11,401	KODEX 2차전지산업	6,035	14,337
삼성생명	1,636	10,816	대주전자재료	1,206	13,484
KODEX 레버리지	4,645	10,359	나노신소재	2,027	12,912
셀트리온	489	10,279	NHN	1,353	12,703
데브시스터즈	485	7,225	더블유게임즈	1,700	12,567
두산중공업	2,745	7,040	KODEX 200선물인버스2	53,584	12,551
넷마블	542	6,949	SK하이닉스	1,154	12,442
현대모비스	270	6,494	대한항공	4,048	12,389

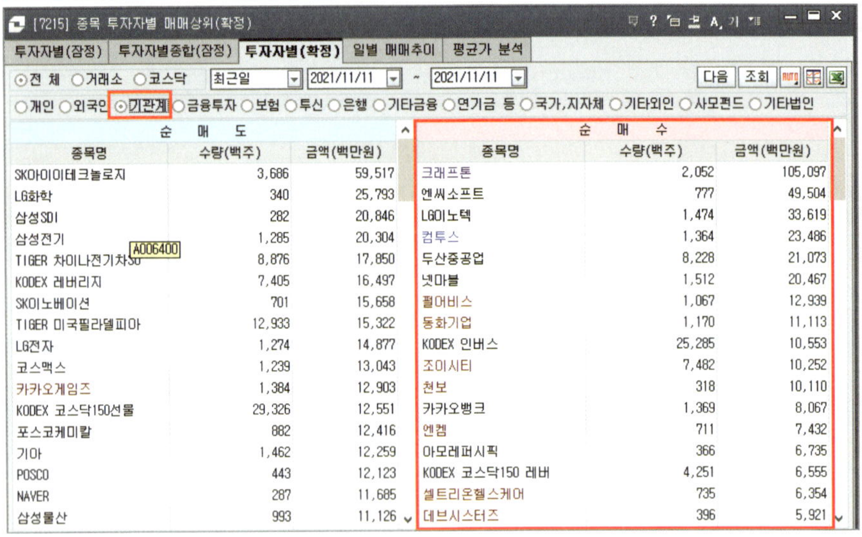

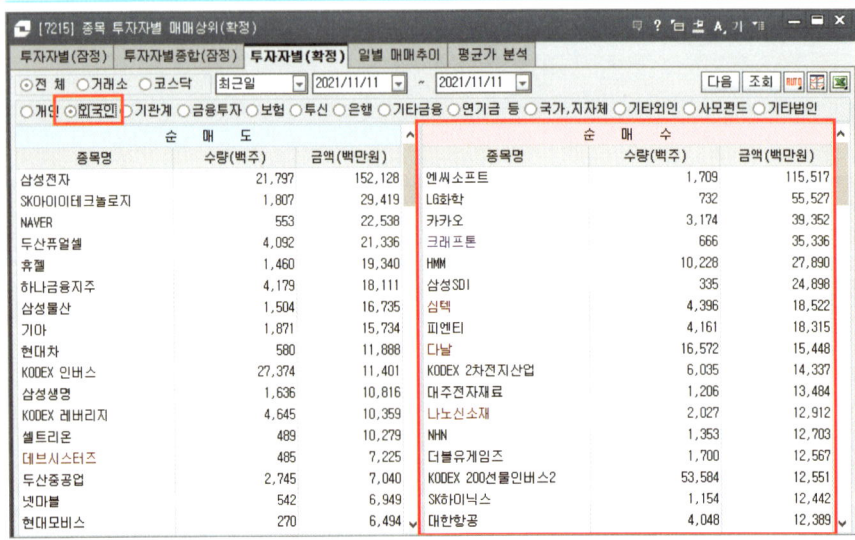

제2장
수급투자란 무엇인가?

수급투자란 주식시장에서의 수요와 공급을 이용하는 투자다. 주식투자에서 수익을 내려면 수요가 강한 쪽에서 투자해야 돈을 벌 수 있고 공급이 강한 쪽에 투자하면 잃을 가능성이 크다. 우리나라에서 가장 거대한 자금을 운용하는 투자자는 외국인 투자자이고 그 다음은 기관투자자다. 따라서 거대 자금을 운용하는 외국인 투자자와 기관투자자의 '돈의 흐름'을 집중 분석하고 시시각각 변하는 투자 시장에서 정보력으로 무장한 큰손 세력의 투자 방향을 신속히 파악한다면 시장의 흐름을 정확히 읽어 수익을 낼 수도 있다.

개인투자자가 투자 종목을 선정할 때 2천 개가 넘는 종목 중에서 투자 종목을 선정하기란 쉽지 않다. 특히 초보 투자자가 기본 지식도 익히지 않은 채 투자 시장에 뛰어들어 주먹구구식으로 투자해 실패하는 경우가 많다. 반면, 기관투자자는 각 분야의 전문가로 구성된 애널리스트가 업종과 기업을 전문적으로 분석해 투자 기업에 대한 자세한 분석 리포트를 작성해 펀드매니저에게 제공한다.

펀드매니저는 애널리스트가 작성한 리포트를 바탕으로 펀드 운용에 활용하고 수시로 인적 네트워크와 투자정보를 교환해가며 투자한다. 주식투자에서 수익을 내려면 기업의 미래가치(실적)가 올라갈 것을 예측하고 현재 가치에 투자해 그 차액을 남기는 것인데 기관투자자는 각 분야의 전문가가 객관적으로 기업의 각종 데이터를 수집해 예측하므로 정확성이 높을 수밖에 없다. 개인투자자에 비해 훨씬 유리한 투자 환경에서 투자하는 것이다. 외국인 투자자와 기관투자자의 종목 선정 기준을 알아보자.

첫째, 사회적 변화에 민감하고 유연하게 대응하는 기업에 투자한다. 예를 들어 4차산업인 인공지능, 전기차·수소차·자율주행차, 로봇, ESG, 최근에는 메타버스·NFT 등 미래를 이끌어가는 기업에 장기투자하고 있다.

둘째, 기업경쟁력(해자)이 있는 기업에 투자한다. 이런 경쟁력의 요건은 무형자산(브랜드), 플랫폼, 가격 결정력 등 다른 기업이 추월하지 못할 정도의 압도적인 경쟁력이다. 예를 들어 해외에서는 애플, 마이크로소프트, 구글, 아마존, 테슬라 등이고 국내에서는 삼성전자, 네이버, 카카오, 쿠팡 등으로 브랜드와 독점적 플랫폼을 보유하고 있다.

셋째, 기업 경영진과 미래의 실적 성장성을 내다보고 투자한다. 세계적인 투자자 워런 버핏도 투자 여부를 결정할 때는 인수하려는 회사의 경영진 능력까지 고려한다. 이 부분은 개인투자자가 쉽게 하기 힘든 부분이다.

넷째, 기업 규모가 일정 규모 이상(시가총액 천억 원 이상)이고 유통량과 거래량이 풍부한 기업 위주로 투자한다. 투자와 회수를 할 때 어려움이 없어야 하기 때문이다.

다섯째, 자산 배분 전략과 포트폴리오를 구성해 주식, 채권, 원자재, 외환 등 다양한 자산에 분산투자한다. 즉 위험관리를 감안한 투자전략을 세워 투자한다. 이렇게 기관투자자는 투자 종목을 선정할 때 체계적이고 다양한 분석 절차를 거쳐 투자 여부를 결정한다. 개인투자자는 그들이 투자하는 종목 중에서 투자 종목을 선정하면 투자 범위도 좁혀지고 더 쉽게 종목을 선정할 수 있을 것이다.

외국인 투자자와 기관투자자는 투자 자금이 크기 때문에 다양한 종목에 투자하고 개인투자자에 비해 종목에 대한 집중력과 주가를 움직이는 힘이 세다. 주로 대형 펀드 자금을 운용하므로 장기적으로 운용되지만 헤지펀드 투자자는 단기로 운용하는 자금도 상당하다. 매일 투자하는 업종과 종목이 순환하면서 달라지기도 하므로 그들이 투자하는 종목들을 발빠르게 분석해 개인투자자가 이용한다면 안전하게 종목을 선정해 수익을 낼 수도 있다.

[그림 2-12]에서 외국인 투자자의 종목당 투자금액을 살펴보자. 특정

일 하루 동안 외국인 매수 1위인 엔씨소프트는 하루에 1,466억 원어치를 매수해 상한가를 달성했다. LG화학 424억 원 매수, 카카오 422억 원 매수, 크래프톤 409억 원 매수 등 종목당 매수 금액이 매우 크고 주가 상승률도 높다는 점을 잘 이용하자.

[그림 2-12] **외국인 프로그램 매수자금**

종목명	현재가	대비	대비율	거래량	매도	매수	순매수
엔씨소프트	786,000 ↑	181,000	29.92%	3,655,331	255,332,227	401,963,410	146631183
LG화학	757,000 ▲	18,000	2.44%	279,482	63,034,614	105,444,125	42,409,511
카카오	125,500 ▲	1,500	1.21%	1,955,371	43,860,774	86,149,909	42,289,134
크래프톤	540,000 ▲	55,500	11.46%	1,822,609	153,008,343	193,908,582	40,900,238
HMM	27,450 ▲	750	2.81%	4,046,607	15,545,384	45,137,192	29,591,808
카카오뱅크	59,100 ▲	500	0.85%	1,131,245	8,334,106	29,233,696	20,899,590
하이브	389,000 ▲	4,000	1.04%	278,757	14,048,963	31,633,946	17,584,983
대한항공	30,550 ▲	100	0.33%	2,424,645	8,757,255	23,106,020	14,348,765
더블유게임즈	72,800 ▲	4,200	6.12%	2,366,951	20,799,941	33,856,854	13,056,913
NHN	93,400 ▲	200	0.21%	763,374	8,653,492	21,404,340	12,750,848
LG생활건강	1,191,000			42,515	10,742,023	23,342,277	12,600,254
대덕전자	20,150 ▲	1,150	6.05%	4,995,469	7,672,699	18,768,084	11,095,385
SK하이닉스	107,500 ▼	-1,000	-0.92%	2,731,498	75,383,207	85,258,226	9,875,019

[그림 2-13]에서 기관투자자의 투자 자금도 살펴보자. 하루 동안 기관 매수 1위 종목은 크래프톤 1,050억 원, 엔씨소프트 495억 원, LG이노텍 336억 원, 컴투스 234억 원이다. 특히 엔씨소프트, 크래프톤과 같이 외국인·기관투자자가 동시에 매수하는 종목은 주가 상승률이 매우 높으므로 양 매수 종목을 잘 이용해 투자한다면 수익을 쉽게 낼 수 있을 것이다.

[그림 2-13] 기관투자자 매수 상위

순매도			순매수		
종목명	수량(백주)	금액(백만원)	종목명	수량(백주)	금액(백만원)
SK아이테크놀로지	3,686	59,517	크래프톤	2,052	105,097
LG화학	340	25,793	엔씨소프트	777	49,504
삼성SDI	282	20,846	LG이노텍	1,474	33,619
삼성전기	1,285	20,304	컴투스	1,364	23,486
TIGER 차이나전기차SO	8,876	17,850	두산중공업	8,228	21,073
KODEX 레버리지	7,405	16,497	넷마블	1,512	20,467
SK이노베이션	701	15,658	펄어비스	1,067	12,939
TIGER 미국필라델피아	12,933	15,322	동화기업	1,170	11,113
LG전자	1,274	14,877	KODEX 인버스	25,285	10,553
코스맥스	1,239	13,043	조이시티	7,482	10,252
카카오게임즈	1,384	12,903	천보	318	10,110
KODEX 코스닥150선물	29,326	12,551	카카오뱅크	1,369	8,067
포스코케미칼	882	12,416	엔켐	711	7,432
기아	1,462	12,259	아모레퍼시픽	366	6,735
POSCO	443	12,123	KODEX 코스닥150 레버	4,251	6,555
NAVER	287	11,685	셀트리온헬스케어	735	6,354
삼성물산	993	11,126	데브시스터즈	396	5,921

PART 2 주식 초보자도 쉽게 돈 벌 수 있는 수급투자

제3장
수급 분석은 어떻게 하나?

　주식투자에서 수급이 좋다고 말하는 것은 주식 매수세가 활발하다는 의미이고 특정 매수 주체가 상승세를 주도하거나 매물대를 돌파하면서 이를 유지해줄 힘이 있다는 의미다. 주식 수급의 질적 판단을 위해서는 주가의 상승 요인, 매물대, 하방 경직성, 저항대 돌파 등을 이끄는 수급 주체, 투자 경향부터 먼저 분석해야 한다. 주식시장에 참여하는 '투자자별 매매 동향'은 수급분석에 매우 유용한 도구이니 꼭 활용해보자.

　[그림 2-14]의 투자자별 매매 동향에 따른 당일 시장 움직임을 살펴보자.
　- 거래소 투자자별 매매 추이와 거래소 지수 움직임
　- 코스닥 투자자별 매매 추이와 코스닥 지수 움직임

[그림 2-14] 투자자별 매매 동향

시장구분	개인	외국인	기관계	금융투자	보험	투신	은행	기타금융	연기금등	국가,지자체	기타법인	사모펀드
거래소	-10,401	4,324	5,945	4,260	-43	410	44	42	1,044		186	165
코스닥	-1,800	2,226	-608	-551	12	182	-17	-44	-24		190	-165
KSP200선물	-2,656	4,173	-1,116	-4,939	350	3,568	-6	-1	-87		-400	
KSP200콜옵	-36	30	7	14		-4	-2				-1	
KSP200풋옵	-28	-13	41	42		-1						
주식선물	1,065	-52	-1,024	-374	-14	-53			-581		11	

외국인·기관투자자가 순매수이고 개인투자자는 순매도 상황일 때 거래소와 코스닥 지수는 어떻게 움직였을까?

[그림 2-15] 거래소 투자자 당일 매매 추이

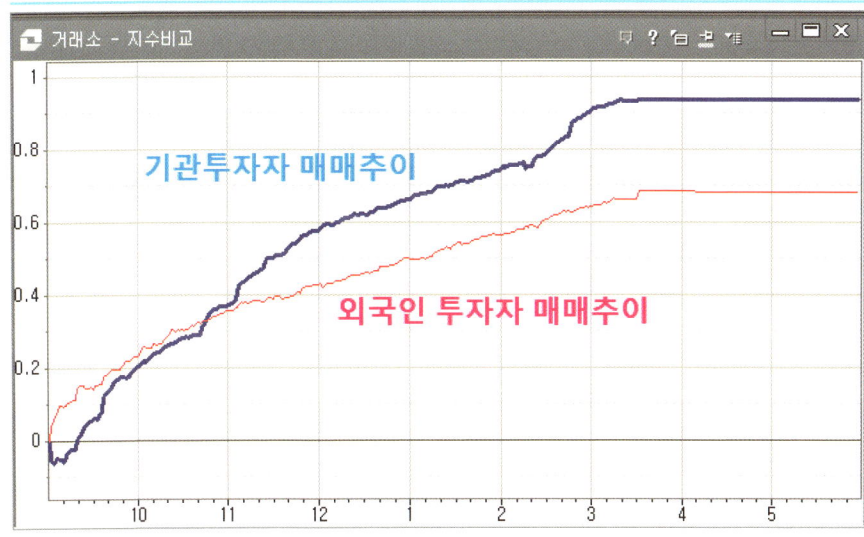

PART 2 주식 초보자도 쉽게 돈 벌 수 있는 수급투자

[그림 2-16] 거래소 지수 분봉 차트

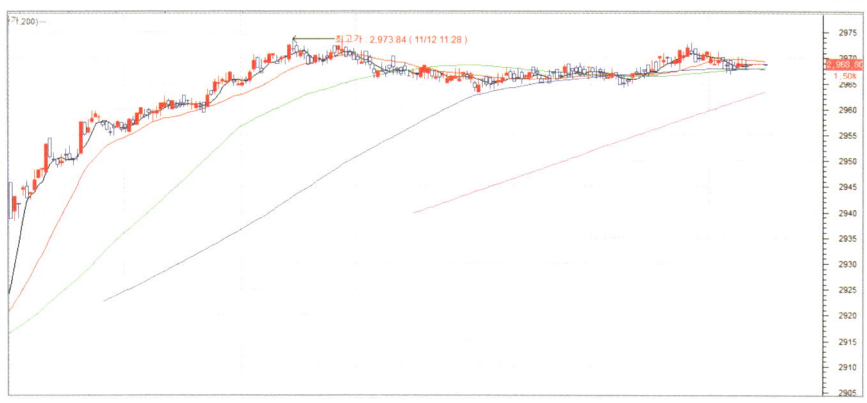

위의 그림을 보면 특정일의 외국인·기관투자자의 매매 추이와 거래소 지수 차트가 비슷하게 움직이고 있는 것을 알 수 있다.

[그림 2-17] 코스닥 투자자 당일 매매 추이

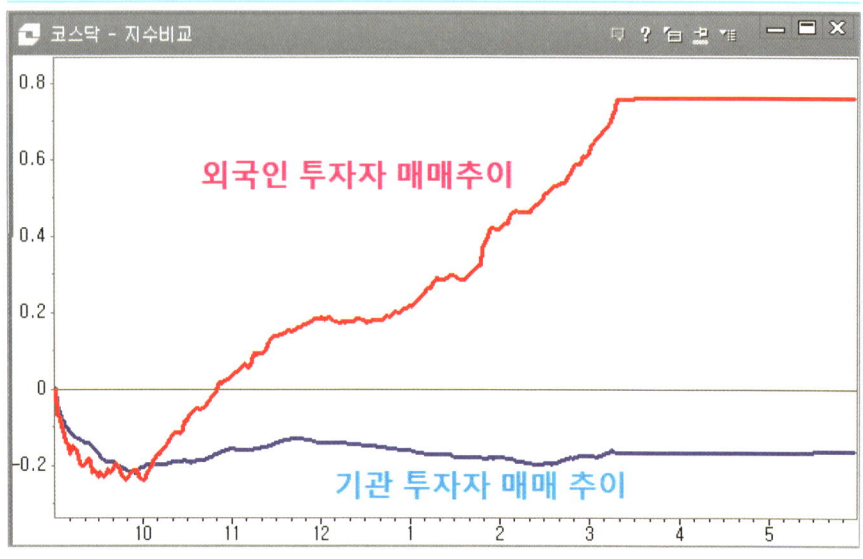

[그림 2-18] 코스닥 지수 분봉 차트

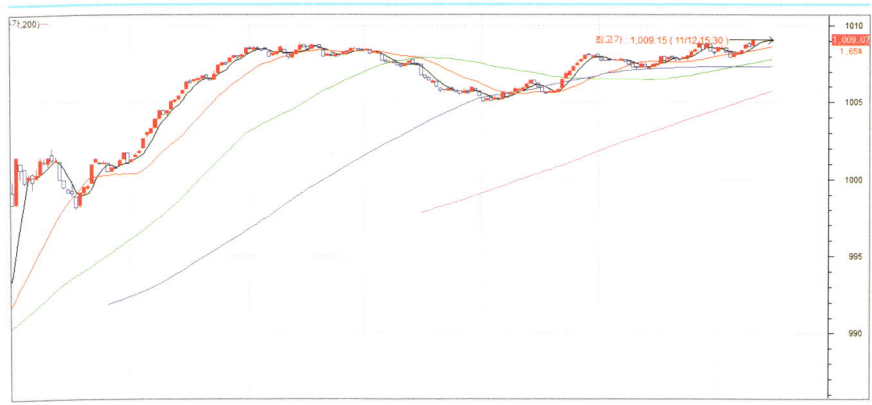

　코스닥 시장도 특정일 외국인 투자자 순매수만으로도 지수 상승을 견인한 것을 알 수 있듯이 외국인 투자자의 매매 동향이 지수의 상승·하락에 절대적인 영향을 미치고 있다. [그림 2-19]에서 당일 거래소 외국인 '프로그램 매수' 상위 종목의 주가 상승률을 살펴보고 투자 아이디어를 얻어보자.

크래프톤 1,251억 원, 카카오뱅크 878억 원, SK바이오사이언스 492억 원 등 종목당 거액의 투자 자금이 유입되었고 에스디바이오센서는 MSCI 인덱스 수급자금의 유입으로 11.8% 급등하고 중·소형주인 후성은 252억 원 매수자금 유입으로 14.7% 급등한 것을 알 수 있다.

[그림 2-19] 거래소 외국인 프로그램 매수 상위

종목명	현재가	대비	대비율	거래량	매도	매수	순매수
크래프톤	547,000 ▲	7,000	1.30%	1,351,285	106,757,495	231,900,476	125142981
카카오뱅크	62,100 ▲	3,000	5.08%	2,896,578	16,233,047	104,100,624	87,867,577
SK바이오사이언?	237,000 ▲	14,000	6.28%	727,885	16,160,085	65,406,773	49,246,688
LG전자	122,000 ▲	4,500	3.83%	734,937	9,463,994	50,164,648	40,700,654
에스디바이오센?	49,650 ▲	5,250	11.82%	4,378,070	25,273,386	61,997,106	36,723,720
SK아이이테크놀?	176,000 ▲	15,000	9.32%	1,482,300	47,589,399	82,512,104	34,922,705
삼성전기	164,500 ▲	5,500	3.46%	653,234	11,775,320	42,805,629	31,030,309
기아	86,800 ▲	2,900	3.46%	1,452,405	13,926,694	43,782,393	29,855,699
후성	24,900 ▲	3,200	14.75%	20,073,770	48,411,535	73,676,579	25,265,044
카카오	127,000 ▲	1,500	1.20%	2,100,660	43,782,323	68,437,246	24,654,922
한전기술	100,500 ▲	6,900	7.37%	2,355,519	22,200,546	38,651,868	16,451,322
삼성물산	112,500 ▲	1,500	1.35%	394,536	8,728,756	23,658,141	14,929,385
카카오페이	157,500 ▲	12,000	8.25%	705,982	1,869,772	15,014,755	13,144,983
SK이노베이션	226,500 ▲	4,000	1.80%	316,530	9,614,261	20,710,761	11,096,500
현대차	208,000 ▲	3,000	1.46%	415,172	15,030,477	25,767,759	10,737,282
대덕전자	21,450 ▲	1,300	6.45%	5,350,582	12,276,277	22,902,219	10,625,941
삼성전자	70,600 ▲	700	1.00%	10,087,450	133,569,679	143,464,457	9,894,778
포스코케미칼	142,500 ▲	2,500	1.79%	295,443	6,949,666	16,482,397	9,532,731
대우조선해양	26,000 ▲	2,000	8.33%	1,011,182	5,971,597	14,576,096	8,604,499
미래에셋증권	9,210 ▲	450	5.14%	2,793,693	1,797,260	9,205,075	7,407,815

[그림 2-20]에서 당일 코스닥 외국인 '프로그램 매수' 상위 종목의 주가 상승률도 살펴보자. 카카오게임즈 693억 원, 컴투스 322억 원, 엘앤에프 282억 원 등 종목당 거액의 자금이 유입되었고 대부분 종목의 주가 상승률이 높은 것을 알 수 있으므로 장 초반 프로그램 매수 상위 종목을 재빨리 파악해 투자한다면 당일 단기로 수익을 낼 수 있을 것이다.

[그림 2-20] 코스닥 외국인 프로그램 매수 상위

종목명	현재가	대비	대비율	거래량	매도	매수	순매수
카카오게임즈	96,900 ▲	3,900	4.19%	4,450,860	63,763,739	133,097,281	69,333,541
컴투스	173,900 ▲	5,200	3.08%	2,171,318	38,164,476	70,436,497	32,272,021
엘앤에프	229,700 ▲	13,300	6.15%	1,447,457	49,879,900	78,132,317	28,252,416
씨젠	52,100 ▲	3,050	6.22%	793,341	5,346,935	18,952,919	13,605,983
피엔티	48,300 ▲	1,350	2.88%	1,014,571	6,336,114	18,030,204	11,694,090
동화기업	110,100 ▲	10,600	10.65%	1,084,518	17,854,746	28,558,896	10,704,149
씨아이에스	16,850 ▲	850	5.31%	3,212,843	6,474,284	16,077,418	9,603,133
한국비엔씨	18,550 ▲	800	4.51%	6,841,257	13,654,665	23,039,925	9,385,260
심텍	43,100 ▼	-50	-0.12%	1,312,269	8,903,228	17,811,748	8,908,520
바이오니아	47,150 ▲	2,950	6.67%	890,280	4,579,667	13,458,031	8,878,363
비덴트	19,100 ▲	2,500	15.06%	11,925,445	23,510,677	31,689,697	8,179,020
덕산네오룩스	55,000 ▲	3,500	6.80%	450,509	3,785,249	10,121,047	6,335,797
아프리카TV	220,100 ▼	-400	-0.18%	176,989	9,484,096	15,634,776	6,150,680
위메이드	188,900 ▲	8,500	4.71%	2,126,948	11,637,739	17,783,620	6,145,880
비에이치	19,350 ▲	1,200	6.61%	1,308,323	2,948,329	8,834,711	5,886,381
데브시스터즈	152,000 ▲	7,700	5.34%	763,095	14,131,553	19,955,119	5,823,565
동진쎄미켐	34,700 ▲	2,900	9.12%	5,853,361	32,322,292	37,767,925	5,445,632
오스템임플란트	114,000 ▲	2,200	1.97%	140,805	4,138,381	8,447,892	4,309,511
나노신소재	68,200 ▲	100	0.15%	1,122,786	7,188,262	11,125,550	3,937,287
천보	341,900 ▲	21,900	6.84%	397,349	26,531,880	30,389,962	3,858,081
유니테스트	32,000 ▲	2,050	6.84%	1,381,037	4,371,543	8,019,062	3,647,518
쿠콘	90,200 ▲	5,000	5.87%	335,500	3,042,654	6,630,109	3,587,454
주성엔지니어링	12,150 ▲	800	7.05%	787,568	582,478	4,056,020	3,473,542

코스닥 시장에서 외국인 프로그램 매수의 힘이 거래소 시장보다 더 탄력적으로 움직이는 경향이 있다.

[그림 2-21]의 종목별 투자자별 잠정 매매 동향을 보면 당일 외국인 · 기관투자자의 동시 매수 현황을 알 수 있다. 특히 외국인 · 기관투자자 양 매수 종목인 경우, 주가 상승 가능성이 매우 높으니 잘 활용해보자. 양 매수가 아니더라도 특정 주체 세력의 매수 금액이 큰 종목을 공략해도 큰 수익을 낼 수 있을 것이다.

[그림 2-21] 종목별 투자자별 잠정 매매동향

종목명	현재가	대비율	외국인	기관계	보험,기타금융	투신	은행	연기금 등	국가,지자체	기타법인
삼성전자	70,600	1.00%	30,370	53,514	-70	37,347	70	16,167		494
엔씨소프트	715,000	-9.03%	-67,097	30,745		22,880	-1,430	9,295		2,860
크래프톤	547,000	1.30%	112,860	24,615	2,735	10,393		11,487		17,504
위메이드	188,900	4.71%	-377	16,056		17,756		-1,700		-4,344
POSCO	285,000	3.83%	766	14,250		11,970		2,280		1,710
기아	86,800	3.46%	32,497	10,850	-434	5,294		5,989		2,343
LG이노텍	242,000	4.99%	9,877	9,196	1,694	5,566		1,936		726
KT	31,550	2.77%	2,697	8,897	-94	2,050	1,514	5,426		157
카카오	127,000	1.20%	57,022	8,509	254	6,731		1,524		4,064
현대차	208,000	1.46%	6,276	8,320		6,032		2,288		
후성	24,900	14.75%	1,731	7,544	273	3,012	2,066	2,191		-348
SK	247,000	6.01%	-4,283	6,175		2,717		3,458		-494
삼성전기	164,500	3.46%	23,961	5,922	164	3,783		1,974		822
SK하이닉스	106,500	-0.93%	-14,078	5,857	-106	10,011		-4,047		213
LG화학	774,000	2.25%	19,993	5,418		4,644		774		-774
현대제철	41,600	4.13%	2,146	4,576	-41	3,411	124	1,081		499

중소형 종목일수록 외국인 · 기관투자자의 영향이 크고 주가 상승률도 높다. 매수의 힘이 센 종목은 상승하고 매도의 힘이 센 종목은 하락한 것을 알 수 있다. 주식투자는 수요와 공급(매수와 매도) 힘겨루기에서 이긴 쪽에 편승해 투자해야 수익을 낼 수 있다는 것을 잊지 말자.

제4장
수급투자
연간 수익률 결과는?

2021년 1~10월 외국인 투자자와 기관투자자의 매수 상위 종목과 매도 상위 종목의 연가 주가 추이를 비교해보자.

2021년 10월 기준 코스피 상승률(+3.3%), 코스닥(+4.2%)

[그림 2-22] 연간 외국인 매수 상위 종목

[그림 2-23] 외국인 매수 1위 LG화학 연간 주가 추이 (박스권 추세)

주식투자, 거인의 어깨에 올라타라

[그림 2-24] 외국인 매수 2위 SK텔레콤 연간 주가 추이 (우상향 추세)

PART 2 주식 초보자도 쉽게 돈 벌 수 있는 수급투자

[그림 2-25] 외국인 매수 3위 에코프로비엠 연간 주가 추이 (우상향 신고가)

[그림 2-26] 외국인 매수 4위 KB금융 연간 주가 추이 (우상향 추세)

주식투자, 거인의 어깨에 올라타라

[그림 2-27] 외국인 매수 5위 POSCO 연간 주가 추이 (박스권 추세)

[그림 2-28] 외국인 매수 6위 하이브 연간 주가 추이 (우상향 신고가)

주식투자, 거인의 어깨에 올라타라

[그림 2-29] 외국인 매수 7위 삼성SDI 연간 주가 추이 (박스권 추세)

　　외국인 매수 상위 종목들의 주가 상승률이 지수에 비해 수익률이 더 높다는 것을 알 수 있다.

외국인 매도 상위 종목 TOP 6

[그림 2-30] **외국인 매도 1위 삼성전자 연간 주가 추이**(우하향 추세)

[그림 2-31] 외국인 매도 2위 현대모비스 연간 주가 추이 (우하향 추세)

[그림 2-32] 외국인 매도 3위 SK하이닉스 연간 주가 추이 (우하향 추세)

[그림 2-33] 외국인 매도 4위 LG전자 연간 주가 추이 (우하향 추세)

[그림 2-34] 외국인 매도 5위 카카오 연간 주가 추이(상승 후 조정)

[그림 2-35] 외국인 매도 6위 현대차 연간 주가 추이(우하향 추세)

주식투자, 거인의 어깨에 올라타라

외국인 매도 상위 종목의 수익률이 지수 대비 낮다는 것을 알 수 있다.

2021년 기관 매수 상위 종목의 연간 주가 추이를 살펴보자.

[그림 2-36] **연간 기관 매수 상위 종목**

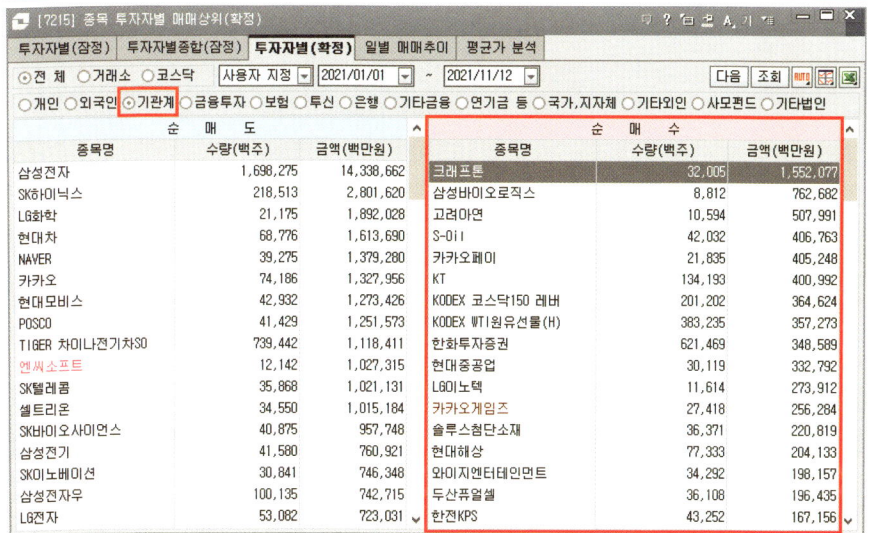

[그림 2-37] 기관 매수 1위 크래프톤 연간 주가 추이 (우상향 추세)

[그림 2-38] 기관 매수 2위 삼성바이오로직스 연간 주가 추이 (박스권 추세)

주식투자, 거인의 어깨에 올라타라

[그림 2-39] **기관 매수 3위 고려아연 연간 주가 추이** (우상향 추세)

[그림 2-40] 기관 매수 4위 S-OIL 연간 주가 추이 (우상향 추세)

[그림 2-41] 기관 매수 5위 KT 연간 주가 추이 (우상향 추세)

위 그림의 결과와 같이 외국인 투자자와 기관투자자의 매수 상위 종목은 연간 수익률이 상승하는 추세였고 매도 상위 종목은 하락하는 추세를 보였다. 거대한 매수자금이 주가를 상승으로 이끌었고 매도 자금은 주가를 하락으로 이끌었기 때문이다. 반대로 외국인·기관투자자의 매도자금을 개인투자자가 매수한 결과, 개인투자자의 성과는 좋지 않았을 것이다.

예를 들어 2021년 개인투자자가 가장 많이 매수한 삼성전자, SK하이닉스는 2021년 내내 주가가 하락 추세를 보여 투자 수익률은 저조할 수밖에 없었다. 따라서 지금 이 책을 읽는 독자들은 우리나라 주식시장을 주도하는 세력인 외국인·기관투자자의 투자 방향을 잘 파악하고 주식시장의 '돈의 흐름'을 잘 읽는다면 좋은 투자 성과를 올리리라 확신한다.

제5장
수급투자만 잘해도 평생직업이 될 수 있다

　1995년 필자는 직장 상사의 권유로 아무 대책도 없이 무작정 주식시장에 입문해 IMF 시절 국가부도의 위기로 주식투자에서 쓰라린 실패를 경험한 후, 주식투자 공부를 처음부터 다시 시작했다. 주식투자 방법은 너무 다양해 주식투자에 성공한 여러 투자자의 성공투자법과 매매기법을 벤치마킹하며 내게 적용시켜 실전 투자를 경험했고 2008년 세계 금융위기로 인한 주가폭락 등 산전수전, 공중전까지 겪은 후, 주식투자로 꾸준히 수익이 나는 모델을 만들 수 있었던 것은 국내 주식시장의 주도 세력인 외국인·기관 투자자의 수급을 이용한 '수급투자'를 알게 된 덕분이다.

　주식투자로 꾸준히 수익이 나면서 21년 동안 잘 해오던 공무원생활을 조기 퇴직하고 주식투자를 평생직업으로 생각하고 전업하게 되었다. 주위에서는 모두 전업 주식투자를 말렸지만 오랫동안 꾸준히 수익이 나는 모델을 만들어둔 덕분에 과감히 새로운 도전을 할 수 있었다.

2015년부터 전업으로 주식투자를 시작한 후, 증권사에서 개최하는 실전 주식투자 대회에 참가해 내 실력을 검증받고 싶었다. 증권사의 실전 주식투자 대회는 단기 투자 대회라고 할 만큼 전국의 단기투자 고수들이 모여 각자의 실력으로 수익률을 겨루는 2개월 가량의 단기 수익률 대회다. 각 증권사에서 매년 개최 중이고 상위 입상자에게는 상금도 수여되니 독자 여러분도 자신의 투자 실력을 검증받고 싶다면 참가해보는 것도 좋을 것 같다. [그림 2-42]는

[그림 2-42] 실전투자 대회 참가 투자 성적

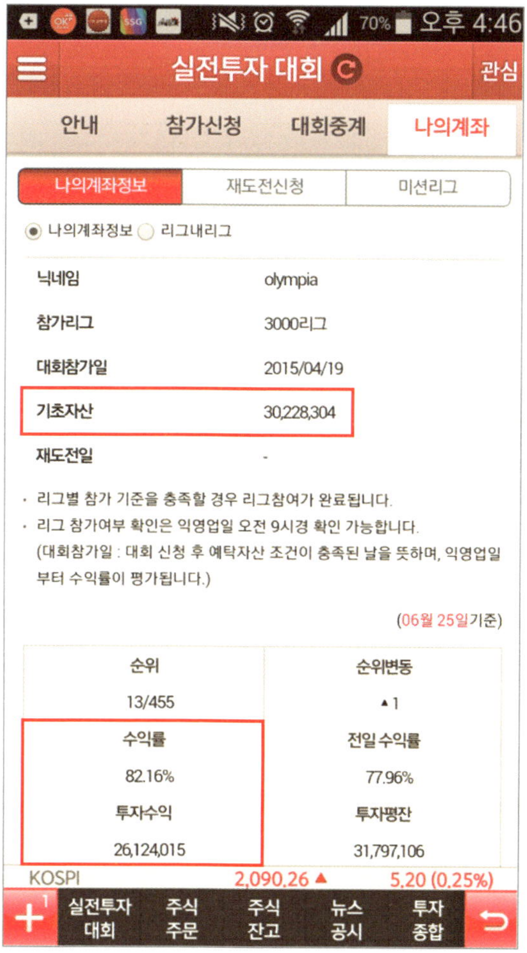

2015년 4월부터 2개월 동안 대신증권 실전투자 대회에 참가한 나의 투자 성적이다.

    실전투자 자금 3천만 원으로 참가해 2개월 후, 수익률 +82%, 수익 금액 2,612만 원을 거두었다. 실전투자 대회에서 수급투자 성과가 검증되어 더욱 자신감을 얻을 수 있었다. 이후 전업투자를 열심히 하다가 경제·증권 전문 케이블 채널인 한국경제TV 모바일 서비스 '주식창'에서 재야 고수를 모집한다는 공고를 접했다. 그래서 수급투자법의 우수성을 알리기 위해 과감히 재야 고수 모집에 응모했다.

    재야 고수 모집에서 수많은 경쟁자를 이기고 2016년 9월부터 한국경제TV 모바일 서비스 '주식창'에서 회원들에게 수급투자를 교육하면서 실전투자도 병행하는 전문가로서 새로운 도전을 시작했다. 현재는 어느덧 수급투자 전도사로서 한국경제TV에서 5년째 회원들과 투자와 교육을 이어오고 있는데 그동안 수급투자법을 배워 '홀로서기'한 투자자들도 있고 5년 동안 함께 해온 투자자도 많다.

    2020년 3월 코로나 사태로 인한 주가폭락에도 불구하고 나의 과거 투자 경험을 살려 주가폭락 시 겁먹지 말고 과감히 주식에 투자해야 한다고 투자자에게 조언해드렸고 용기 있게 과감히 투자한 분들은 매우 좋은 성과를 거두었다. 수급투자 전도사 생활을 하면서 회원들이 수급투자법을 배워 주식투자에 성공하고 '홀로서기'하는 것을 볼 때마다 보람을 느낀다.

학창 시절에도 한 선생님이 학생들을 교육해도 1등부터 꼴등까지 실력 차이가 나듯이 주식투자도 그런 것 같다. 수급투자 교육을 해도 정말 열심히 배워 실전 투자에 적용하면서 자기 것으로 만들어 수익을 잘 내는 투자자가 있는 반면, 몇 번 해보다가 금방 포기하는 투자자도 많다. 하지만 포기하지 말고 노력해 수급투자로 꼭 성공하기 바란다.

다음은 한국경제TV에서 수급투자를 함께 하는 투자자 사례를 통해 다양한 투자법을 소개한 내용이다.

첫 번째 사례는 종목당 500만 원씩 분산투자하는 투자자다. 투자 자금이 4억 원가량이므로 투자 종목이 매우 많을 수밖에 없다. 이 투자자는 실적과 수급이 좋은 종목에 골고루 투자하면서 중·장기 투자하고 주식과 현금을 일정 부분 유지하면서 종목당 약 10~20%의 투자 수익이 나면 청산해 현금화했다가 새로운 종목으로 순환해 재투자한다.

[그림 2-43] 종목당 500만 원씩 분산투자한 수익금

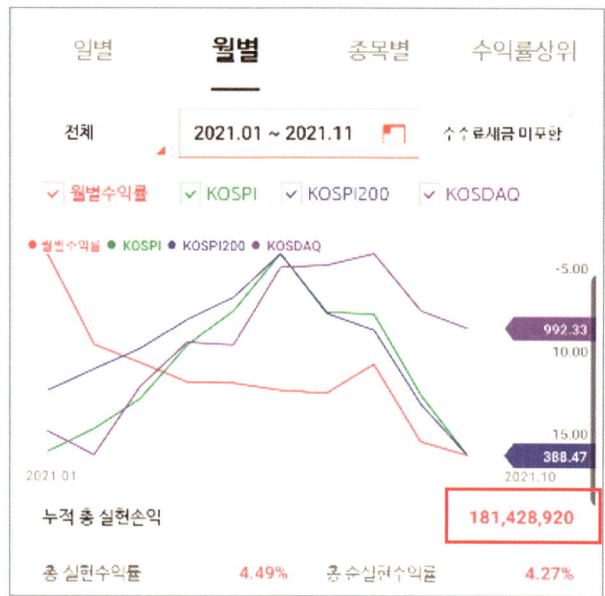

2021년 1~11월, 4억 원의 투자금으로 종목당 500만 원씩 여러 종목에 분산투자해 1억 8,142만의 투자 수익을 냈다. 2021년 지수 상승률 3~4%에 비하면 이 투자자는 40% 이상의 매우 큰 투자 성과를 거두었다.

두 번째 사례는 주식투자 경력 23년째인 고수 투자자인데 한 종목에 비중을 두어 1억 원 이상 집중투자하고 있다. 외국인과 기관투자자의 자금이 동시에 유입될 때 집중투자해 단기에 고수익을 올리고 있다. 오랜 기간 축적된 투자 경험과 돈의 흐름을 읽는 힘이 있는 것이다.

[그림 2-44] 메디톡스 집중투자 수익금

날짜	종목코드	종목명	수량	매입금액	평가금액	손익	수익률
2021-07-01	A086900	메디톡스	1,500	305,830,185	364,228,274	58,398,089	19.09%
2021-06-30	A086900	메디톡스	390	79,515,849	91,347,664	11,831,815	14.88%
2021-06-29	A086900	메디톡스	120	24,466,415	28,321,451	3,855,036	15.76%
2021-06-28	A086900	메디톡스	170	34,660,755	39,708,478	5,047,723	14.56%
2021-06-25	A086900	메디톡스	320	65,243,774	74,540,937	9,297,163	14.25%
2021-06-24	A086900	메디톡스	300	61,166,037	67,593,995	6,427,957	10.51%
2021-06-23	A086900	메디톡스	200	40,296,859	43,443,309	3,146,449	7.81%
2021-06-22	A086900	메디톡스	400	79,493,944	83,794,200	4,300,256	5.41%

[그림 2-45] 효성티앤씨 집중투자 수익금

날짜	종목코드	종목명	수량	매입금액	평가금액	손익	수익률
2021-02-10	A298020	효성티앤씨	50	21,976,171	22,145,611	169,440	0.77%
2021-02-03	A298020	효성티앤씨	400	91,633,743	186,342,346	94,708,603	103.36%
2021-02-02	A298020	효성티앤씨	1,100	321,997,143	481,766,787	159,769,644	49.62%
2021-01-29	A298020	효성티앤씨	570	173,044,008	173,294,410	250,402	0.14%
2021-01-28	A298020	효성티앤씨	100	28,243,318	31,223,327	2,980,009	10.55%
2021-01-27	A298020	효성티앤씨	200	57,419,008	58,755,712	1,336,704	2.33%
2021-01-26	A298020	효성티앤씨	300	86,128,512	84,916,464	-1,212,048	-1.41%
2021-01-21	A298020	효성티앤씨	400	100,881,794	113,970,104	13,088,311	12.97%
2021-01-20	A298020	효성티앤씨	1,050	264,144,585	277,852,623	13,708,038	5.19%
2021-01-19	A298020	효성티앤씨	594	149,261,527	150,116,335	854,808	0.57%
2021-01-18	A298020	효성티앤씨	637	160,034,715	159,576,099	-458,616	-0.29%
2021-01-15	A298020	효성티앤씨	300	68,725,307	73,120,421	4,395,114	6.40%

이 투자자의 경우, 오랜 경험과 노련한 투자 감각으로 집중투자한 결과이니 초보 투자자는 실력을 키우고 경험을 쌓아 시장을 보는 안목과 수급 분석력을 갖도록 참고만 하기 바란다.

세 번째 사례의 주인공은 주식투자 경력이 15년 이상이지만 기존에는 기업가치보다 테마주 위주의 투자로 주가가 하락하면 장기 보유하는 스타일이었는데 대북 테마주에서 수억 원의 손실을 기록하고 필자에게서 수급투자를 배운 후부터 수급이 집중되는 종목 위주로 여러 종목에 발 빠르게 투자해 이전 손실을 모두 회복했고 아래와 같이 좋은 성과를 올리고 있다.

[그림 2-46] 2020년 5월 이후 1년 7개월간 수익금

 이 투자자의 경우, 수급 종목에 투자해 종목당 5~10%의 작은 수익률을 목표로 하지만 투자 종목의 순환이 빠르고 많아 수익률을 복리로 쌓아가는 투자를 하고 있다. 물론 외국인·기관투자자의 수급을 파악한 후 빠르면 당일부터 1주일 이내의 단기투자로 수익을 올린 결과다. 이와 같이 각자의 투자법으로 수익을 올리고 있지만 기본 원리는 외국인·기관투자자의 수급의 힘을 이용한 매매였다.

 독자들도 우리나라 주식시장의 거인인 외국인, 기관투자자의 수급의 힘을 이용해 평생 동안 안정적인 투자를 하기 바란다.

단기매매 고수들의 매매전략

◆ 주식투자로 2년 만에 500만 원으로 10억 원을 만든 재야 고수의 투자법

1. 그 시대의 시장 주도주를 찾아라
- 2005~2007년 조선, 철강(현대중공업, POSCO)
- 2009~2011년 차화정(현대차, LG화학, S-OIL)
- 2014~2015년 중국 소비주(LG생활건강, 아모레퍼시픽, 오리온)
- 2016~2017년 반도체주(삼성전자, 하이닉스)
- 2018년 남북 경협주(현대엘리베이터, 현대로템)
- 2020~2021년 코로나, 언택트, 2차전지, 메타버스·NFT(네이버, 카카오, 진단기기, LG화학, 삼성SDI, 에코프로비엠, 엘앤에프, 위메이드, 자이언트스텝, 위지윅스튜디오)

2. 시장에서 인기 있는 주식을 매매하라
- 52주 신고가나 신고가 근처 10% 이내 주식 선정
- 거래대금이 풍부하고 꾸준히 유지되는 종목 선정
- 신고가 돌파 이후 큰 시세를 형성할 가능성이 크다.
- 어떤 시장을 만나든 그 시기에 시장이 좋아할 테마나 종목을 찾는 것이 가장 중요하다.

3. 직장인과 전업투자자의 투자는 달라야 한다
- 직장인은 저평가 가치주 위주로 장기투자
- 전업투자자는 실적과 수급이 집중되는 종목에 단기투자
- 모두 실적, 수급, 미래 성장성이 예상되는 종목 위주로 투자

4. 계좌 관리와 리스크 관리 전략
- 투자 수익이 발생하면 수익금은 안전한 통장으로 이체하라.
- 하락장에서 주식을 싸게 살 수 있으니 항상 현금을 보유하라.

" 성공은 열심히 노력하며 기다리는 사람에게 찾아온다."

-토마스 A. 에디슨-

PART 3 실전, 외국인 투자자 수급을 이용해 수익 내는 법

제1장
외국인 투자자의 투자 성향

　외국인 투자자는 우리나라 주식시장에서 자금력과 영향력이 가장 큰 투자 주체다. 코스피 시장의 외국인 비중은 2021년 11월 기준 시가총액 704조 원(32.7%)으로 가장 큰 영향력이며 코스닥 비중은 시가총액 42조 원(9.8%)이다. 2008년 세계 금융위기 이후 외국인 순매수 자금과 코스피의 방향성은 유사한 흐름을 보여왔지만 2020년 코로나 위기 때 국내 개인투자자인 소위 '동학 개미'의 순매수 금액 약 47조 원이 유입되었다.

PART 3 실전, 외국인 투자자 수급을 이용해 수익 내는 법

[그림 3-1] 외국인 투자자 비중과 코스피 주가 추이

　　IMF 사태 이후 코스피 비중을 늘리기 시작해 2008년부터 비중을 줄였고 2008년 세계 금융위기 이후 다시 비중을 늘렸다가 2020년 이후부터 지수가 급등하자 비중을 줄이고 있다.

외국인 투자자의 종류와 특징

(단위: 명)

구분	2019년 말	2020년 말	2021년 8월 말	2021년 9월 말	2021년 증가
미국	15,840	16,202	16,532	16,563	31
룩셈부르크	2,223	2,323	2,423	2,438	15
케이맨 제도	3,595	3,674	3,753	3,768	15
캐나다	2,853	2,931	3,048	3,061	13
영국	2,799	2,863	2,935	2,947	12
일본	4,170	4,249	4,304	4,312	8
독일	783	831	868	874	6
호주	1,375	1,418	1,461	1,466	5
아일랜드	1,486	1,532	1,586	1,589	3
기타	12,934	13,233	13,470	13,492	22
합계	48,058	49,256	50,380	50,510	130

외국인 투자자는 외국계 투자은행과 같은 기관투자자를 비롯해 뮤추얼 펀드, 연기금, 헤지펀드 등 금감원 등록을 거쳐 외국 투자등록 고유번호(ID)가 있는 외국인은 등록 외국인이라고 하고 그렇지 않은 경우는 기타 외국인이라고 한다. 외국인 투자자 등록 현황은 표와 같이 5만여 명이 넘으며 미국인이 32.7%로 가장 많다.

2021년 9월 금감원 발표자료

외국계 투자은행은 골드만삭스, JP모건, UBS, 크레디트 스위스 등이 있고 이들이 국내 주식시장의 큰손이다. 이 외국계 투자은행들은 국내 주식시장에서 5~10년 이상 장기투자하는 경향이 있다. 뮤추얼 펀드는 유가증권 투자를 목적으로 설립된 법인회사로 발행한 주식을 통해 투자자를 모집하고 이 자산을 전문 운용사에 맡겨 수익을 낸 후 투자자에게 배당금 형태로 되돌려주는 투자회사인데 이들도 5~10년 이상 장기투자하는 경향이 있다. 자산운용사는 블랙락, 뱅가드, 스테이트스트리트사 등 1조 달러 이상의 자산을 운용 중이며 그 외에 인베스코, 찰스스왑, JP모건, 피델리티, 템플턴, ARK 등 수많은 자산운용사가 있고 뮤추얼 펀드가 모인 돈을 운용한다.

외국 연기금은 우리나라 국민연금과 같이 외국 연기금을 운용하는 기금으로 보통 10년 이상 장기투자하는 경향이 있다. 헤지펀드는 소수 투자자로부터 투자 자금을 모집해 다양한 상품에 투자해 목표수익 달성을 목표로 하는 일종의 사모펀드로 보통 투기성이 강한 단기투자를 한다. 참고로 헤지펀드와 뮤추얼 펀드의 차이는 헤지펀드는 소수의 거액 투자자가 투기적으로 운용하는 것이고 뮤추얼 펀드는 안정적인 자산증식을 원하는 대다수의 소액 투자자가 포트폴리오 수단으로 활용하는 것이다.

검은 머리 외국인

2021년 10월 금융감독원이 내놓은 〈10월 외국인 증권투자 동향〉에 따르면 국내 주식을 순매수한 외국인을 국적별로 보면 케이맨 제도, 아일랜드, 버뮤다가 상위 5위권에 올랐다. 모두 조세회피처다. 금융투자업계에서는 오래전부터 이곳 투자자들을 '검은 머리 외국인'으로 추정하고 있다. 해외 페이퍼 컴퍼니로 돈을 보낸 후 국내에 투자하는 한국인이라는 것이다.

이를 증명이라도 하듯 미국, 영국 등 국내 주식을 많이 보유한 국가의 투자자들은 지난달 순매도에 나섰는데도 조세회피처 투자자들은 오히려 순매수 행보를 보였다. 순매수 규모는 캐나다(4,540억 원), 케이맨 제도(2,700억 원),

홍콩(1,780억 원), 아일랜드(1,500억 원), 버뮤다(370억 원) 등이다. 조세회피처의 페이퍼 컴퍼니를 통해 외국인 투자자로 위장하려는 이유는 다양하다. 무엇보다 주식거래에서 발생하는 양도소득세, 법인세, 종합소득세 등을 회피하기 위해서다.

환율과 외국인 매매

매매 시 외국인 투자자가 가장 중시하는 변수는 환율이다. 원화가 강세일 때는 자산 가격이 변하지 않더라도 차익이 발생하는 효과가 나타나기 때문이다. 한국에 투자하는 외국인이 가장 높은 비중의 국적은 미국인데 실제로 원/달러 환율과 외국인 순매수의 상관관계는 높아 보인다. 즉 원화가 강세를 보이는 구간에서 외국인이 순매수하는 현상이 나타나는 것이다.

[그림 3-2] 원/달러 환율과 코스피 추이

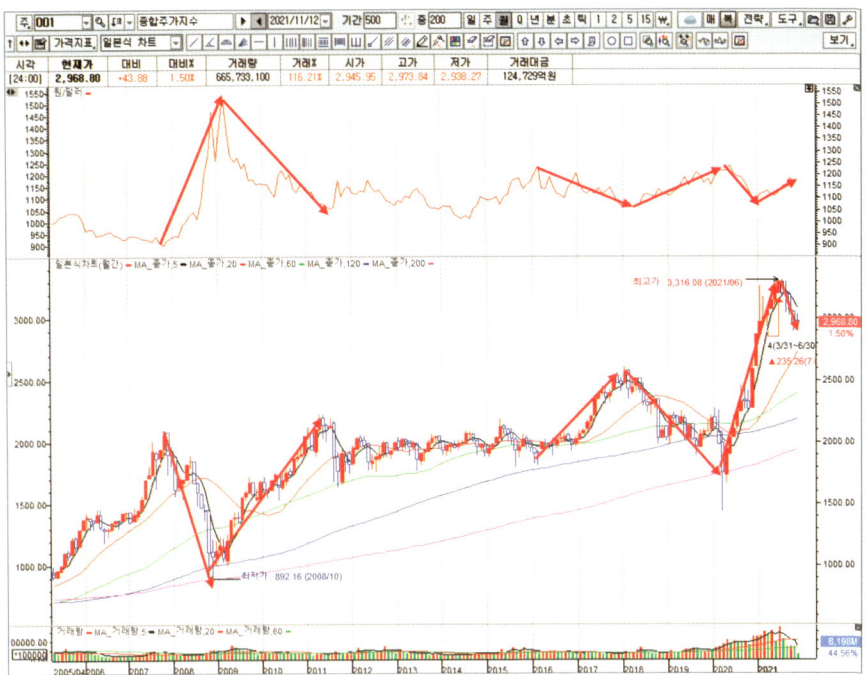

위의 원/달러 추세와 아래 코스피 주가 추세는 반대 방향으로 움직이고 있다.

외국인 투자자의 신흥국 투자

외국인 순매수의 또 다른 특징은 아시아 지역 외국인 순매수와 거의 동일하게 움직인다는 것이다. 이머징 아시아 국가 중 인도, 대만, 인도네시아, 필리핀, 스리랑카, 태국, 베트남, 말레이시아의 순매수는 한국의 외국인 순매수와 유사한 흐름을 보이고 있다.

유가증권시장 상장주식의 외국인 투자자의 주요 국적별 매매 현황

(단위: 10억 원(결제 기준), %)

국적	2021년 9월			
	매수	매도	순매수	거래 비중[1]
싱가포르	5,375	3,194	2,181	7.4
케이맨 제도	7,850	6,571	1,279	12.4
미국	7,481	6,903	578	12.4
스웨덴	249	143	105	0.3
일본	300	264	36	0.5
독일	440	421	19	0.7
캐나다	651	641	10	1.1
호주	1,601	1,596	4	2.8
중국	341	341	0	0.6
스위스	1,962	1,974	△12	3.4
아랍에미리트	130	144	△14	0.2
아일랜드	1,023	1,052	△29	1.8
덴마크	114	165	△51	0.2
노르웨이	381	438	△57	0.7
버뮤다	102	168	△67	0.2
대만	75	157	△82	0.2
네덜란드	737	845	△108	1.4
영국	24,154	24,270	△116	41.7
사우디아라비아	247	379	△131	0.5
프랑스	644	787	△143	1.2
룩셈부르크	2,327	2,481	△154	4.1
홍콩	2,395	2,677	△282	4.4
말레이시아	241	568	△327	0.7
기타	550	555	△3	1.0
합계	59,370	56,734	2,636	100.0

2021년 9월 금감원 자료

※ 유가증권시장 상장증권 중 ETF, ETN, ELW, 뮤추얼 펀드 등을 제외한 일반 종목에 대한 외국인 거래를 기준으로 작성(영국계는 단기매매 추정)

1) 거래비중은 유가증권시장 상장주식 거래규모(한국거래소 집계 기준) 대비 외국인 비중

제 2 장
외국인 투자자의 투자패턴을 알아보자

주요 외국인 투자자의 매매 특징

골드만삭스, JP모건, UBS 등 외국계 투자은행과 뮤추얼 펀드의 자산을 전문적으로 운용하는 자산운용사 블랙록, 뱅가드, 외국 연기금을 운용하는 외국계 연기금은 주로 5~10년 이상 장기투자하는 경향이 있으며 소로스 펀드와 같은 헤지펀드는 보통 투기성이 강한 단기투자를 목적으로 롱숏펀드, 공매도 등의 전략을 구사한다.

MSCI 인덱스 지수

Morgan Stanley Capital International(MSCI)의 약자로 매년 새로운 지표를 연구·출시해 기관투자자와 헤지펀드 운용자들에게 주가지수 정보뿐만 아니라 포트폴리오 위험 및 성과분석, 거버넌스 도구까지 제공하는 투자 리서치 회사다. MSCI 지수는 분기별로 검토되고 1년에 두 번 조정되어 총 4회(2월, 5월, 8월, 11월) 발표된다. MSCI는 대형주(라지캡), 중형주(미드캡), 소형주(스몰캡)와 같이 다양한 지역과 주식 유형에 맞추어 주가지수 정보를 제공한다.

MSCI 내의 애널리스트들은 지수가 시장에 대한 효과적인 주가 벤치마크 역할을 할 수 있도록 지수에서 추가하거나 제거하기도 한다. 2021년 11월 12일 국내 주식시장에서는 크래프톤, 엘앤에프, 일진머티리얼즈, 카카오게임즈, F&F, 에스디바이오센서 6개 종목이 한국 지수에 편입되었고 대우조선해양, 신세계, 휠라홀딩스 3개 종목이 편출되었다. MSCI 지수 편입이 발표되면 실제 지수 편입은 월말에 편입된다.

MSCI 지수에 편입되는 종목은 MSCI 지수를 추종하는 외국계 인덱스펀드는 의무적으로 일정 비율대로 해당 종목을 매수해 펀드에 편입시키므로 인덱스 펀드를 운용하는 자산운용사의 패시브 자금이 유입되는 효과가 있으니 MSCI 지수 편입 종목에 투자하면 단기에 수익을 낼 가능성이 크다(11월 12일 MSCI 지수에 편입된 종목은 모두 상승했다). 대체로 일반종목의 수익률보다 인덱스 편입 종목의 투자 수익률이 높은 편이니 잘 이용해보자.

프로그램 매매
프로그램 매매는 일종의 컴퓨터로 자동화된 알고리즘 매매로 차익거래와 비차익거래로 나뉘며 주로 외국인이 사용한다.

차익거래란 선물과 현물의 가격 차이를 연계한 거래로 선물과 현물 중 상대적으로 고평가된 것을 팔고 동시에 가격이 낮은 쪽을 매수해 차익을 발생시키는 매매를 말한다. 우리나라의 경우, 코스피200, 코스닥150, KRX300과 연계한 지수차익거래가 해당한다.

비차익거래란 현물만 여러 종목을 묶어 바스켓을 만든 후 한꺼번에 거래하는 것으로 선물, 옵션 시장과 연계성이 없는 것이 특징이다. 프로그램 매매는 보통 코스피는 15개 종목 이상, 코스닥은 10개 종목 이상 바스켓을 구성한 거래를 비차익 프로그램 매매로 한다.

[그림 3-3] **프로그램 매매 종합**

구분		매도		매수		순매수	
		수량	금액	수량	금액	수량	금액
차익거래	위탁	1,105	691	1,287	807	182	115
	자기	0	0	171	83	171	83
	합계	1,105	691	1,458	890	353	199
비차익거래	위탁	83,635	22,367	103,715	27,086	20,080	4,718
	자기	48	15	84	46	36	30
	합계	83,683	22,383	103,799	27,132	20,116	4,748
전체	위탁	84,740	23,059	105,002	27,893	20,262	4,833
	자기	48	15	255	130	207	114
	합계	84,788	23,075	1,052	28,023	20,469	4,947

외국인 매매는 프로그램 매매를 이용하는 경향이 대부분이니 외국인 투자자 매매는 '프로그램 매매' 동향을 참고하면 된다.

[그림 3-4] 종목별 프로그램 매매 상위 (2021년 11월 12일)

종목명	현재가	대비	대비율	거래량	프로그램매매 (금액: 천원)		
					매도	매수	순매수
크래프톤	547,000 ▲	7,000	1.30%	1,351,285	106,757,495	231,900,476	125142981
카카오뱅크	62,100 ▲	3,000	5.08%	2,896,578	16,233,047	104,100,624	87,867,577
SK바이오사이언?	237,000 ▲	14,000	6.28%	727,885	16,160,085	65,406,773	49,246,688
LG전자	122,000 ▲	4,500	3.83%	734,937	9,463,994	50,164,648	40,700,654
에스디바이오센?	49,650 ▲	5,250	11.82%	4,378,070	25,273,386	61,997,106	36,723,720
SK아이이테크놀?	176,000 ▲	15,000	9.32%	1,482,300	47,589,399	82,512,104	34,922,705
삼성전기	164,500 ▲	5,500	3.46%	653,234	11,775,320	42,805,629	31,030,309
기아	86,800 ▲	2,900	3.46%	1,452,405	13,926,694	43,782,393	29,855,699
후성	24,900 ▲	3,200	14.75%	20,073,770	48,411,535	73,676,579	25,265,044
카카오	127,000 ▲	1,500	1.20%	2,100,660	43,782,323	68,437,246	24,654,922
한전기술	100,500 ▲	6,900	7.37%	2,355,519	22,200,546	38,651,868	16,451,322
삼성물산	112,500 ▲	1,500	1.35%	394,536	8,728,756	23,658,141	14,929,385
카카오페이	157,500 ▲	12,000	8.25%	705,982	1,869,772	15,014,755	13,144,983

프로그램 매수 상위 종목의 매수금액과 주가 상승률이 크다. 당일 장 시작 후 프로그램 매수 종목을 파악해 수익을 내보자.

외국인 공매도

공매도란 말 그대로 없는 상태로 물건을 판다는 뜻이다. 주식을 보유하지 않고 타인에게서 빌려(대차) 주식을 팔 수 있다. 그리고 빌린 주식은 나중에 다시 매수해 갚으면 되는 방식이다. 공매도는 주가가 많이 올라 조정이 예상되는 종목이나 실적 악화 우려나 악재가 발생한 기업의 주가하락이 예상되는 종목이 타깃이다. 국내 시장에서는 KOSPI200과 코스닥150 지수에 편입된 종목에 한해 공매도를 할 수 있다.

주식 공매도에는 '차입 공매도'와 '무차입 공매도'가 있다. '차입 공매도'

는 타 기관으로부터 빌린 주식을 매도하는 것이고 '무차입 공매도'는 주식을 전혀 보유하지 않은 상태에서 주식을 매도하는 방식인데 우리나라는 무차입 공매도를 금지하고 있다. 이 때문에 공매도에서는 대주(대차)거래가 함께 활용된다. 공매도는 주가가 하락할 때 수익을 볼 수 있지만 호재가 발생한 종목의 주가가 급등하면 손해가 발생하므로 급히 환매수(숏커버)해야 한다.

최근 코스닥 위메이드의 주가가 급등하면서 공매도한 투자자의 손실이 눈덩이처럼 불어 숏커버(환매수) 중에 있다. 예를 들어 A 주식을 10만 원에 1만 주를 빌려 매도하고 주가가 하락해 8만 원이 되면 다시 매수해 갚는다. 이 과정에서 공매도 투자자는 주당 2만 원의 차익이 발생하며 1만 주의 수익금은 2억 원으로 공매도 수익이 된다. 주로 외국인과 기관투자자의 공매도가 집중되고 있다.

[그림 3-5] 기간별 공매도 순위

순위	종목명	기간거래량	공매도량	매매비중	평균가	현재가	평균가대비	대비율
1	LG생활건강	2,662,220	357,866	13.4423%	1,347,748	1,215,000	-132,748	-9.84%
2	태광산업	52,492	2,882	5.4903%	1,090,454	989,000	-101,454	-9.30%
3	삼성바이오로직스	5,074,801	283,854	5.5934%	899,703	833,000	-66,703	-7.41%
4	F&F	1,967,942	1,838	0.0933%	796,850	922,000	125,150	15.70%
5	LG화학	20,744,864	1,035,083	4.9895%	795,809	774,000	-21,809	-2.74%
6	삼성SDI	15,811,708	1,031,385	6.5229%	746,755	751,000	4,245	0.56%
7	효성첨단소재	5,913,572	149,626	2.5302%	697,081	654,000	-43,081	-6.18%
8	영풍	123,988	4,965	4.0044%	695,768	700,000	4,232	0.60%
9	효성티앤씨	2,616,671	205,839	7.8664%	665,579	562,000	-103,579	-15.56%
10	엔씨소프트	22,412,913	1,258,140	5.6134%	665,572	715,000	49,428	7.42%

공매도 상위 종목인 LG생활건강 -9.8%, 태광산업 -9.3%, 삼성바이오로직스 -7.4% 등 하락 종목이 더 많은 것을 알 수 있다. 즉 공매도가 많은 종목에의 투자는 피해야 한다.

[그림 3-6] LG생활건강 공매도 추이

거래일자	종가	전일대비	대비율	거래량	공매도량	공매도비중	공매도거래대금	평균가	평균가대비
2021/11/12	1,215,000	24,000	2.02%	35,230	2,674	7.5901%	325,269	1,216,415	-1,415
2021/11/11	1,191,000	0	0.00%	42,515	4,442	10.4481%	528,888	1,190,654	346
2021/11/10	1,191,000	-28,000	-2.30%	30,573	3,900	12.7564%	466,653	1,196,547	-5,547
2021/11/09	1,219,000	-6,000	-0.49%	24,750	3,629	14.6626%	442,016	1,218,010	990
2021/11/08	1,225,000	-4,000	-0.33%	22,404	2,435	10.8686%	296,970	1,219,589	5,411
2021/11/05	1,229,000	-10,000	-0.81%	36,765	4,148	11.2825%	509,057	1,227,236	1,764
2021/11/04	1,239,000	8,000	0.65%	51,023	8,113	15.9007%	1,008,784	1,243,416	-4,416
2021/11/03	1,231,000	14,000	1.15%	46,936	3,474	7.4016%	426,699	1,228,263	2,737
2021/11/02	1,217,000	17,000	1.42%	61,723	2,539	4.1135%	308,782	1,216,157	843
2021/11/01	1,200,000	29,000	2.48%	72,133	3,427	4.7509%	406,396	1,185,864	14,136
2021/10/29	1,171,000	-11,000	-0.93%	113,703	3,552	3.1239%	417,655	1,175,830	-4,830
2021/10/28	1,182,000	-39,000	-3.19%	177,113	2,337	1.3195%	276,819	1,184,507	-2,507
2021/10/27	1,221,000	-110,000	-8.26%	211,778	39,324	18.5685%	4,939,406	1,256,079	-35,079
2021/10/26	1,331,000	-52,000	-3.76%	75,550	26,097	34.5427%	3,482,322	1,334,376	-3,376
2021/10/25	1,383,000	18,000	1.32%	35,523	8,099	22.7993%	1,114,658	1,376,291	6,709
2021/10/22	1,365,000	-22,000	-1.59%	35,940	8,511	23.6811%	1,167,716	1,372,008	-7,008
2021/10/21	1,387,000	-3,000	-0.22%	23,358	5,274	22.5790%	732,211	1,388,341	-1,341

네모 박스의 10월 27일에 공매도가 집중되었고 주가하락 폭도 크고 하락 일수도 훨씬 많았다. 공매도 정보는 HTS와 KRX 정보데이터시스템을 이용하면 된다.

PART 3 실전, 외국인 투자자 수급을 이용해 수익 내는 법

◆ 거래소 공매도 상위 TOP 10 (2021년 11월 21일 기준)

순위	종목명	공매도 수량	공매도 잔고 금액(원)	비중(%)
1	셀트리온	4,573,196	1,001,529,924,000	3.31
2	LG디스플레이	27,252,331	591,375,582,700	7.62
3	HMM	19,577,753	506,084,915,050	4.00
4	두산중공업	15,390,749	390,925,024,600	2.97
5	SK	1,075,840	273,801,280,000	1.53
6	금호석유	1,470,084	238,888,650,000	4.83
7	아모레퍼시픽	1,170,221	212,980,222,000	2.00
8	포스코케미칼	1,429,412	204,405,916,000	1.84
9	호텔신라	2,434,385	195,724,554,000	6.20
10	엔씨소프트	261,271	189,421,475,000	1.19

◆ 코스닥 공매도 상위 TOP 10(2021년 11월 21일 기준)

순위	종목명	공매도 수량	공매도 잔고 금액(원)	비중(%)
1	에이치엘비	4,837,467	193,014,933,300	4.54
2	위메이드	903,095	186,398,808,000	2.71
3	펄어비스	1,319,057	185,987,037,000	1.99
4	에코프로	1,027,014	146,863,002,000	5.49
5	씨젠	2,226,200	124,221,960,000	4.26
6	셀트리온제약	894,275	114,556,627,500	2.45
7	LX세미콘	738,861	82,826,318,100	4.54
8	신라젠	6,489,694	78,525,297,400	6.31
9	케이엠더블유	2,041,398	74,306,887,200	5.13
10	씨아이에스	4,002,236	64,035,776,000	6.51

※ KRX 정보데이터시스템 주소: http://data.krx.co.kr

제3장
외국인 수급을 이용해 단기 수익 내는 법

외국인 투자자 수급 중 주로 단기매매 자금의 흐름을 분석하는 것이 중요하다. 먼저 당일 업종별 투자자 매매 동향을 파악해야 한다. 매일 큰돈이 어디로 향하는지가 중요하기 때문이다.

[그림 3-7] 거래소 업종별 투자자 매매 현황(2021년 11월 15일)

업종명	개인	외국인	기관계
KOSPI지수	-8,136	3,996	4,147
대형(시가총액)	-6,623	2,794	3,812
중형(시가총액)	-21	-37	-17
소형(시가총액)	-65	131	-37
음식료품	17	7	-43
섬유.의복	80	17	-82
종이.목재	-13	10	5
화학	825	-628	-189
의약품	-456	277	175
비금속광물	51	-38	-21
철강.금속	259	-263	6
기계	150	-191	46
전기.전자	-5,725	2,718	3,171
의료정밀	-159	141	21
운송장비	-198	6	166
유통업	27	-74	65
전기가스업	240	-137	-105
건설업	-114	43	75
운수창고	9	209	-217
통신업	68	-38	1
금융업	-468	-88	546
은행	-159	33	125
증권	-205	54	153
보험	86	-37	-57
서비스업	-2,731	2,163	492
제조업	-5,188	1,940	3,287
KOSPI 200지수	-7,587	3,279	4,248

당일 거래소 수급 섹터는 전기·전자가 주도 섹터다

둘째, 수급 섹터를 확인한 후, 외국인 프로그램 매수 상위 종목을 먼저 파악해야 한다. 외국인 투자자 수급은 장 초반 9시~9시 30분 사이에 주로 결정되므로 매수 상위 종목 중에 뉴스가 있거나 이슈가 발생한 종목으로 수급을 파악해 공략하면 된다. 2021년 11월 15일 당일에는 이재용 삼성전자 부회장이 미국으로 반도체 투자 협의 목적으로 출국했다는 뉴스가 있어 삼성전자 반도체 투자 관련 종목이 많이 상승했다.

[그림 3-8] 거래소 외국인 프로그램 매수 상위 (2021년 11월 15일)

종목명	현재가	대비	대비율	거래량	매도	매수	순매수
SK하이닉스	111,000 ▲	4,500	4.23%	4,701,568	33,592,836	177,197,070	143,604,233
크래프톤	548,000 ▲	1,000	0.18%	514,345	41,078,096	128,260,472	87,182,376
엔씨소프트	660,000 ▼	-55,000	-7.69%	1,243,312	82,061,009	131,617,016	49,556,007
카카오	129,000 ▲	2,000	1.57%	1,714,170	35,137,976	60,040,468	24,902,492
HMM	27,500 ▲	200	0.73%	4,081,515	19,615,006	39,388,483	19,773,477
카카오뱅크	62,400 ▲	300	0.48%	1,337,149	19,105,396	37,969,025	18,863,628
DB하이텍	64,800 ▲	4,300	7.11%	2,937,245	21,586,862	39,556,455	17,969,592
YG PLUS	9,780 ▲	1,150	13.33%	26,917,654	19,909,186	34,664,224	14,755,038
녹십자	239,000 ▼	-1,000	-0.42%	223,567	4,953,082	19,518,765	14,565,682
에스디바이오센?	51,600 ▲	1,950	3.93%	1,296,787	6,155,823	19,807,297	13,651,473
삼성전자	71,400 ▲	800	1.13%	12,420,710	208,280,493	221,130,501	12,850,008
NAVER	411,000 ▲	2,000	0.49%	331,770	27,546,333	39,592,354	12,046,021
LG전자	124,500 ▲	2,500	2.05%	521,720	8,489,575	16,930,874	8,441,299
삼성전기	169,500 ▲	5,000	3.04%	704,963	21,071,378	29,130,741	8,059,362
한화투자증권	5,660 ▲	170	3.10%	5,015,805	3,295,267	11,206,852	7,911,585
대한전선	1,995 ▲	175	9.62%	57,807,400	25,092,219	31,856,866	6,764,647
더블유게임즈	68,100 ▲	200	0.29%	319,931	1,942,185	7,333,506	5,391,321
NHN	91,000 ▼	-3,500	-3.70%	229,861	2,424,693	7,699,827	5,275,133
한미반도체	34,450 ▲	2,250	6.99%	1,606,909	5,584,179	10,809,863	5,225,683
신풍제약	48,150 ▲	1,300	2.77%	769,301	6,060,688	11,275,492	5,214,804
KT&G	85,000			429,434	4,893,308	9,977,794	5,084,486

프로그램 매수 상위 종목 중 전기·전자 섹터 종목이 다수 포함되어 있는 것을 알 수 있다.

종목별 프로그램 매매 추이 화면을 확인하면서 수급이 지속적으로 유입되면 수익을 극대화하고 수급이 정체되거나 빠져 나가면 즉시 매도해 수익 실현을 하면 된다.

[그림 3-9] 하이닉스 프로그램 매매 추이

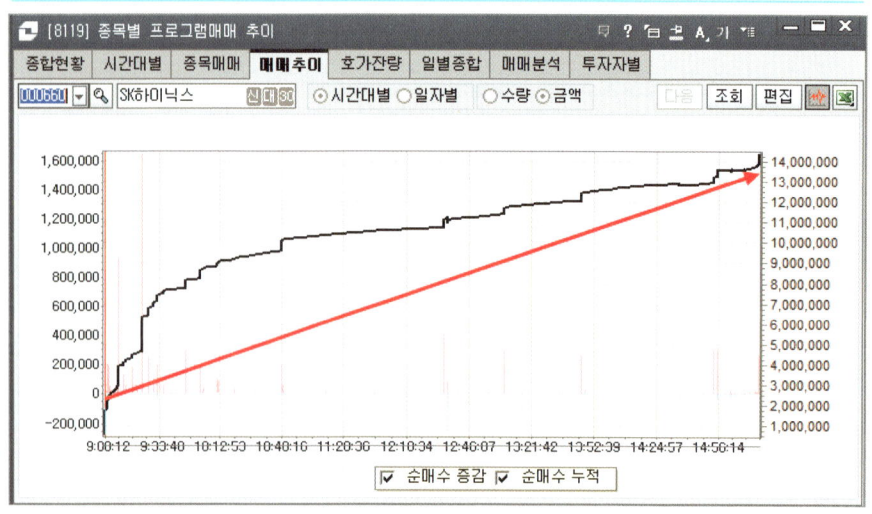

[그림 3-10] YG PLUS 프로그램 매매 추이

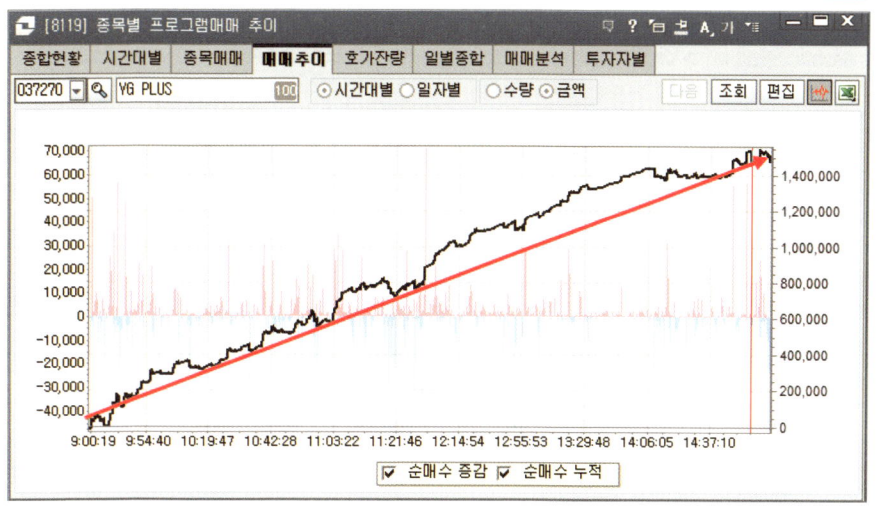

　코스닥의 외국인 수급은 주가 상승에 더더욱 영향을 미친다. 코스닥 시장에는 중·소형주가 많아 더 탄력적으로 움직일 수 있고 거래소 종목들보다 주가 상승률이 더 크게 나타난다.

[그림 3-11] 코스닥 외국인 프로그램 매수 상위 (2021년 11월 15일)

종목명	현재가	대비	대비율	거래량	매도	매수	순매수
자이언트스텝	145,800 ▲	25,800	21.50%	1,588,781	25,581,087	43,162,588	17,581,500
동진쎄미켐	37,850 ▲	3,150	9.08%	4,381,390	20,983,956	36,925,810	15,941,853
LX세미콘	119,000 ▲	100	0.08%	483,436	9,371,084	24,440,231	15,069,147
삼강엠앤티	21,600 ▲	1,100	5.37%	2,111,457	5,539,929	14,889,984	9,350,054
덱스터	36,300 ▲	4,000	12.38%	11,487,786	38,949,445	47,967,003	9,017,557
에스엠	80,400 ▲	3,400	4.42%	968,215	11,480,680	20,222,307	8,741,627
에코프로비엠	564,500 ▲	1,500	0.27%	234,752	30,840,942	39,318,659	8,477,716
아프리카TV	223,400 ▲	3,300	1.50%	143,023	9,926,662	17,263,082	7,336,420
맥스트	75,700 ▲	6,700	9.71%	2,024,072	8,214,068	14,173,280	5,959,211
원익IPS	38,050 ▲	2,200	6.14%	1,157,628	5,429,576	11,291,907	5,862,330
레고켐바이오	46,700 ▲	4,200	9.88%	715,336	4,028,385	9,520,095	5,491,709
메디톡스	157,100 ▲	12,400	8.57%	361,269	10,543,060	15,947,467	5,404,406
피엔티	48,550 ▲	250	0.52%	669,322	6,713,396	11,821,835	5,108,234

 2021년 11월 15일 당일에는 코스닥 메타버스 관련주와 반도체 관련주의 주가 상승률이 높았다. 미국 시장의 메타버스 관련주의 상승률이 높았고 반도체 관련주는 이재용 삼성전자 부회장의 미국 반도체 투자 협의를 위한 출장의 영향으로 수급이 유입되었다. 또한, 셀트리온의 코로나 치료제의 유럽 승인의 영향으로 바이오 종목들에도 수급이 유입되었다.

[그림 3-12] 자이언트스텝 프로그램 매매 추이

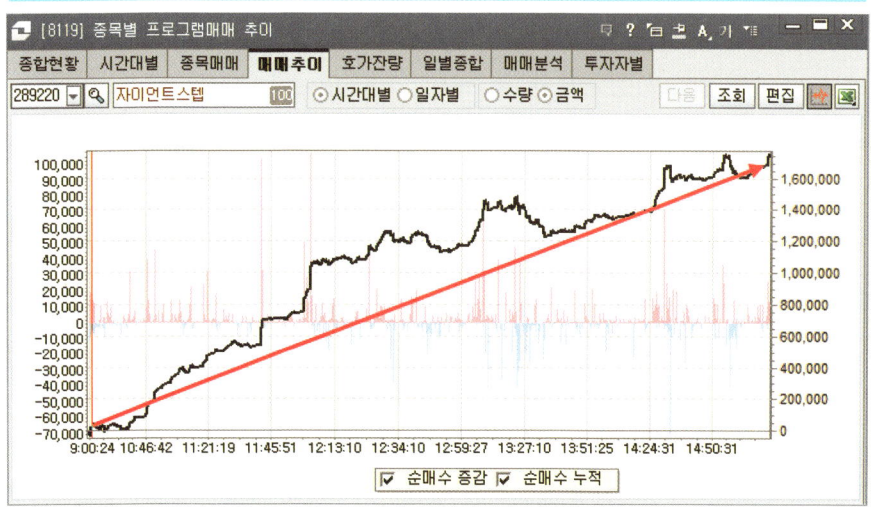

메타버스 관련주 자이언트스텝으로 외국인 수급이 장 초반부터 장 종료 시까지 하루종일 유입되었다.

[그림 3-13] 동진쎄미켐 프로그램 매매 추이

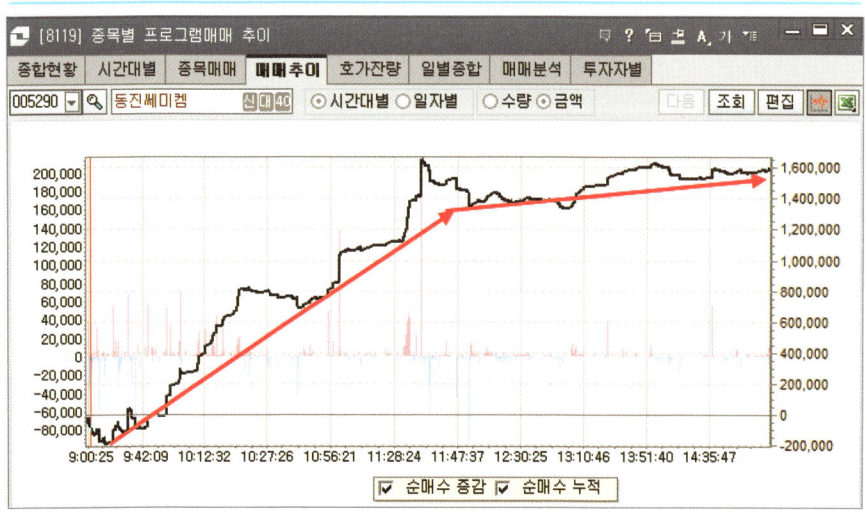

반도체 관련주 동진쎄미켐은 외국인 수급이 12시까지 지속되었다.

외국인 프로그램 매수 상위 종목과 더불어 외국계 증권사 매수 상위 종목도 함께 파악하면 도움이 된다.

[그림 3-14] 외국계 증권사 매수 상위 (2021년 11월 15일)

종목명	매도량	매수량	순매도		종목명	매도량	매수량	순매수
셀트리온헬스케	17,575		-17,575		크래프톤	1,676	98,225	96,549
아모레퍼시픽	22,975	9,573	-13,402		SK하이닉스	2,021	83,369	81,347
두산중공업	12,796		-12,796		카카오	12,711	48,101	35,390
현대모비스	11,033	2,652	-8,380		엔씨소프트	24,897	47,654	22,757
원익IPS	8,969	817	-8,151		삼성전자	20,163	36,165	16,002
LG화학	44,045	37,229	-6,815		HMM	1,173	16,991	15,818
삼성물산	11,086	4,356	-6,729		삼성SDI	3,308	18,659	15,350
SK아이이테크놀	6,461		-6,461		LX세미콘		14,777	14,777
OCI	5,848		-5,848		NAVER	1,518	15,439	13,921
현대차	7,918	2,383	-5,535		DB하이텍		8,733	8,733
일진머티리얼즈	10,206	4,898	-5,307		우리금융지주	3,122	10,697	7,574
하나금융지주	8,357	3,201	-5,155		한화투자증권	228	7,482	7,253
휠라	9,155	4,335	-4,820		삼성전자우	344	7,380	7,036
신한지주	7,962	3,153	-4,808		스튜디오드래곤		6,245	6,245
POSCO	7,741	2,992	-4,748		아프리카TV	2,921	9,038	6,117

주식투자, 거인의 어깨에 올라타라

[그림 3-15] SK하이닉스 외국계 증권사 매수

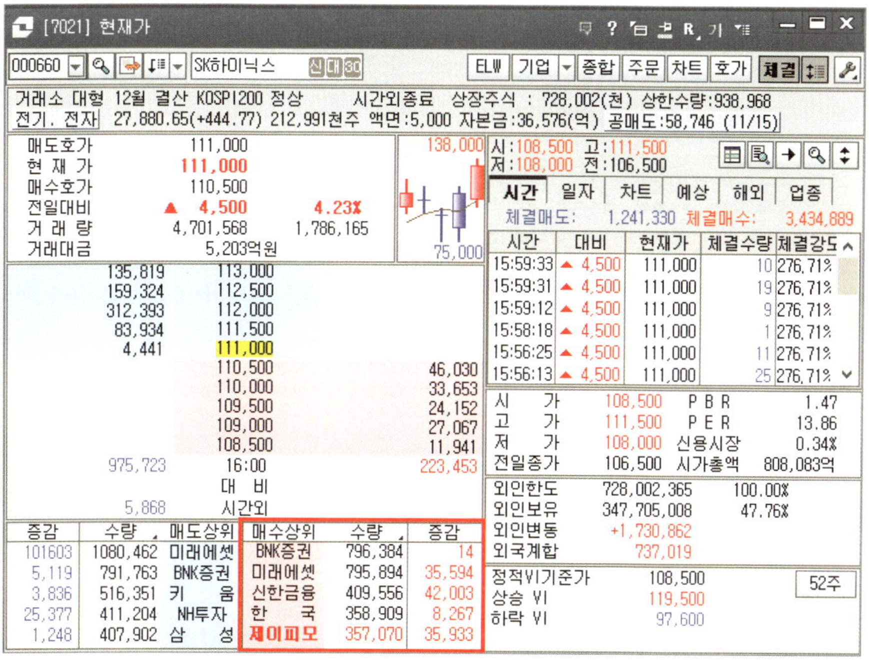

외국인 프로그램 매도 상위 종목 화면도 띄워두고 만약 내 종목이 매도 상위 종목에 포함되어 있다면 매도 준비를 해야 한다.

[그림 3-16] 외국인 프로그램 매도 상위 (2021년 11월 15일)

종목명	현재가	대비	대비율	거래량	프로그램매매 (금액: 천원)		
					매도	매수	순매수
두산중공업	25,550 ▼	-650	-2.48%	7,062,809	37,370,041	14,384,596	-22,985,444
LG생활건강	1,205,000 ▼	-10,000	-0.82%	38,554	32,657,206	17,161,575	-15,495,631
한전기술	97,900 ▼	-2,600	-2.59%	1,103,372	24,848,332	9,807,523	-15,040,808
LG화학	765,000 ▼	-9,000	-1.16%	167,747	67,422,030	52,661,578	-14,760,452
SK아이이테크놀?	179,000 ▲	3,000	1.70%	658,423	34,132,222	20,227,507	-13,904,715
POSCO	285,000			223,366	27,522,292	14,260,894	-13,261,398
OCI	118,500 ▼	-2,000	-1.66%	360,389	15,878,154	7,345,773	-8,532,381
셀트리온	233,000 ▲	19,500	9.13%	4,479,850	132,936,486	124,615,434	-8,321,052
하이브	407,000 ▲	10,500	2.65%	266,892	24,303,869	16,407,709	-7,896,159
효성첨단소재	650,000 ▼	-4,000	-0.61%	63,412	12,602,958	5,090,081	-7,512,877
KB금융	56,300 ▼	-100	-0.18%	908,971	31,634,081	24,273,745	-7,360,336
일진머티리얼즈	108,500 ▼	-500	-0.46%	581,356	22,180,438	14,879,192	-7,301,246
휠라홀딩스	37,950 ▼	-600	-1.56%	501,485	13,007,982	5,812,933	-7,195,049
한국전력	22,850 ▼	-300	-1.30%	1,500,353	10,592,826	3,593,490	-6,999,335
SK	248,000 ▲	1,000	0.40%	186,329	14,456,753	8,184,143	-6,272,609
한국가스공사	40,600 ▼	-2,600	-6.02%	1,025,551	15,210,526	9,200,530	-6,009,996

프로그램 매도 종목들은 하락 종목이 더 많은 것을 볼 수 있다.

제4장
외국인 인덱스 수급으로 중기 수익 내는 법

MSCI와 FTSE 인덱스 수급

MSCI는 Morgan Stanley Capital International Index의 약자이고 세계적인 증권사인 모건스탠리가 개발한 글로벌 인덱스 펀드의 투자 기준인 국제 벤치마크 지수다. FTSE는 Financial Times Stock Exchange의 약자로 영국 파이낸셜 타임스와 런던증권거래소가 공동 설립한 FTSE 그룹이 산출해 발표한다. 두 지수는 전 세계에서 거래되는 자산 가격을 대상으로 작성되는 글로벌 지수, 특정 지역에 한정하는 지역별 지수 등 국가, 산업, 펀드 스타일 등에 따른 다양한 종류의 지수를 제공한다. MSCI 지수는 전 세계를 대상으로 투자하는 미국계 대형 펀드에서 운용상 주요 벤치마크 기준으로 사용되며 FTSE 지수는 주로 유럽계 펀드에서 운용상 주요 기준으로 사

PART 3 실전, 외국인 투자자 수급을 이용해 수익 내는 법

용된다. 각 지수 모두 수십조 달러 규모의 펀드가 각 지수를 추종하며 운용된다. 2021년 MSCI 리뷰 일정과 편·출입 일정은 다음과 같다.

리뷰 일정	발표일	적용일
2021년 2월 분기	2월 10일(수)	2월 26일(금)
2021년 5월 반기	5월 12일(수)	5월 27일(목)
2021년 8월 분기	8월 12일(목)	8월 31일(화)
2021년 11월 반기	11월 12일(금)	11월 30일(화)

FTSE 지수는 3월, 6월, 9월, 12월, 1년에 4회 정기 편·출입 종목을 발표한다. 인덱스 펀드는 MSCI 지수나 FTSE 지수를 추종하는 펀드이므로 인덱스 지수에 편·출입된 종목을 일정 비중만큼 편입 또는 편출해야 한다. 이것을 리밸런싱(Rebalancing)이라고 하고 이렇게 추종하는 자금을 '패시브 자금'이라고 한다. 그러므로 MSCI 지수에 편입되면 호재로 작용하고 편출되면 악재로 작용한다.

우리나라는 MSCI 신흥시장 지수에 포함되어 있고 28개 신흥국 시장을 대상으로 운용된다. MSCI 지수 편입이 되기 전에 대상 종목이 증권사나 언론에서 언급되기 시작하면 관심을 갖고 매수해 발표일에 확인하고 MSCI 지수 리밸런싱이 일어나는 2월, 5월, 8월, 11월 마지막 날에 매도하는 전략을 구사하면 지수보다 높은 수익을 낼 수 있다. 2021년 8월 MSCI 분기 리뷰에서 편입된 SK아이이테크놀로지, SK바이오사이언스, 에코프로비엠 3개 종목이 발표되었다. 편입된 3개 종목의 지수 편입일까지의 주가 흐름을 살펴보자.

[그림 3-17] SK아이이테크놀로지 주가 추이

리뷰 발표 전인 6월 중순부터 편입을 예상한 매수세로 주가 상승

[그림 3-18] SK바이오사이언스 주가 추이

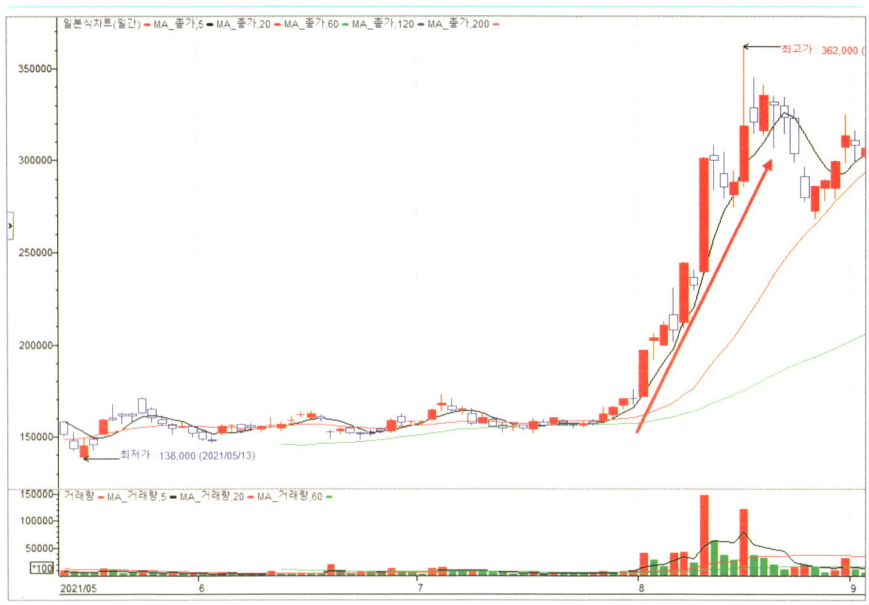

지수 편입 발표 전인 8월 초부터 주가 급등

[그림 3-19] 에코프로비엠 주가 추이

지수 편입 발표 전인 6월 중순부터 상승 시작

다음과 같이 언론사 뉴스와 증권사 리포트를 이용하면 된다.

[그림 3-20] MSCI 지수 편입 관련 언론사 뉴스

[그림 3-21] MSCI 지수 리밸런싱 관련 증권사 리포트

주식전략

MSCI 11월 리밸런싱에서 겨냥할 기회

Strategist
노동길
☎ (02) 3772-4455
✉ dk.noh@shinhan.com

- 11월 MSCI 정기변경 이벤트로 선별적 외국인 자금 유입 종목군 존재
- 편입 가능 종목은 크래프톤, F&F, 엘앤에프, 카카오게임즈, 일진머티리얼즈
- 대표 투자전략은 리뷰일 매수 후 리밸런싱일 매도. 인덱스 전략 활용 적기

11월 MSCI 반기 리뷰에서 주목할 점

11월 반기 리뷰에서는 지수 구성 종목 변경, 신규 상장 종목 편입, 한국 주식 시장 비중 상승에 주목

MSCI는 11월 반기 리뷰를 앞두고 있다. 11월 반기 리뷰 발표일은 11월 12일(한국시간), 지수 발효일은 12월 1일이다. MSCI 지수를 추종하는 패시브 펀드는 11월 30일 종가 부근에서 종목 교체에 나설 예정이다.

MSCI 반기 리뷰(5월, 11월)는 분기 리뷰(2월, 8월)보다 통상적으로 더 큰 주목을 받았다. MSCI가 반기 리뷰에서 종목 유니버스를 업데이트하는 관계로 특례편입되지 않은 신규 상장 종목 편입을 기대할 수 있다. MSCI는 기존 상장 종목에 대해서 반기 리뷰 지수 편입과 제외 조건들을 완화한다. 과거 지수 편출입 종목 수가 분기 리뷰보다 반기 리뷰 때 더 많았던 이유다.

2021년 11월 MSCI 반기 리뷰에 편입된 종목은 엘앤에프, 일진머티리얼즈, 크래프톤, 카카오게임즈, F&F, 에스디바이오센서다. 해당 종목의 주가 흐름을 살펴보자.

[그림 3-22] 엘앤에프 주가 추이

[그림 3-23] 일진머티리얼즈 주가 추이

[그림 3-24] 크래프톤 주가 추이

[그림 3-25] **카카오게임즈 주가 추이**

지수 편입 예상 종목은 편입 발표 전부터 미리 주가 상승이 시작되고 예상 외 종목이 발표되면 발표일 이후부터 주가가 상승했다.

[그림 3-26] **F&F 주가 추이**

[그림 3-27] 에스디바이오센서 주가 추이

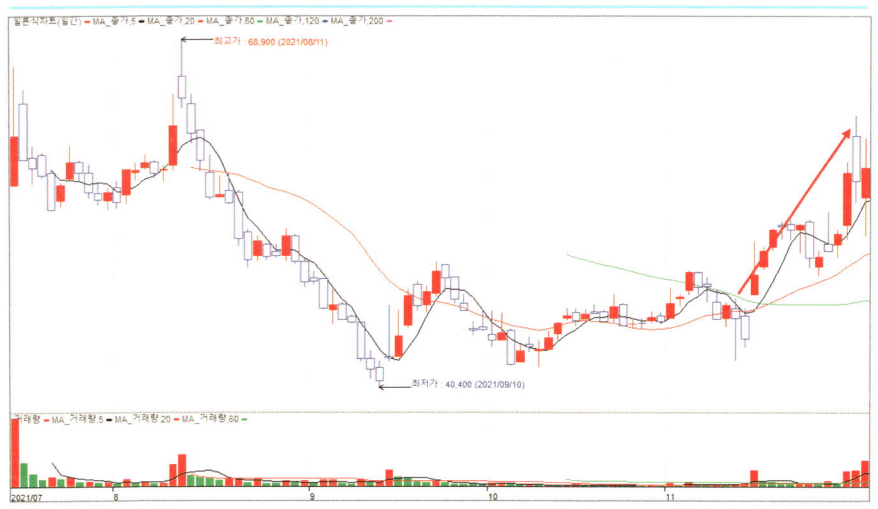

　에스디바이오센서는 편입 예상 종목에 없다가 예상 외로 편입되어 발표 이후부터 주가 상승이 시작되었다.

제5장
미국 시장 분석으로 종목 선정하는 법

    미국 시장은 전 세계 주식시장의 중심 시장으로 미국 시장과 우리나라의 동일 업종 및 종목의 주가 추이를 보면 관련도가 매우 높다. 우리나라 반도체 기업인 삼성전자와 SK하이닉스의 주가 추이와 미국 반도체 기업인 마이크론의 주가 방향성을 살펴보면 거의 같은 방향으로 주가가 움직이는 것을 볼 수 있다.

[그림 3-28] 미국 마이크론테크놀로지 주가 추이

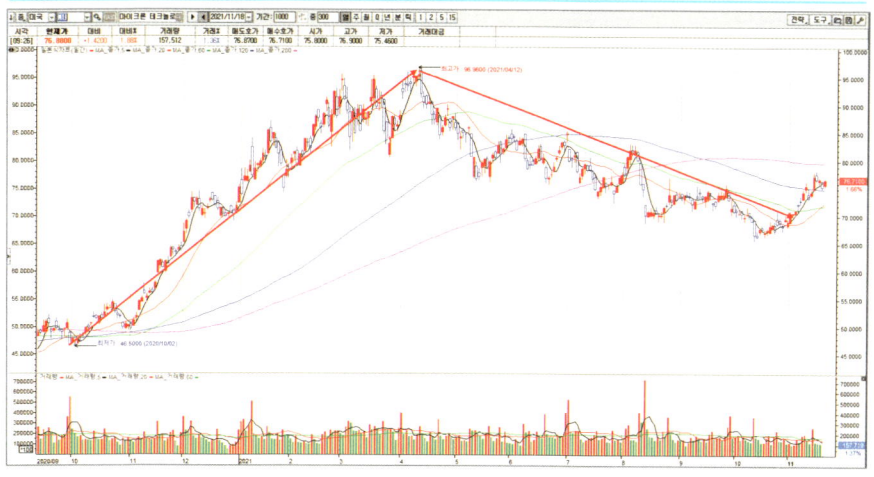

[그림 3-29] SK하이닉스 주가 추이

　매일 미국 시장의 업종별 등락 현황과 다우지수, 나스닥, S&P500 지수 및 해당 지수 내에서 상승 상위 종목과 하락 상위 종목을 파악해 우리나라 시장에 미치는 영향도를 알아보자.

[그림 3-30] 미국 업종별 등락 현황

국가명	지수명	현재가	대비	대비율
미국	다우존스 산업지수	35,931.05	-211.17	-0.58%
미국	나스닥 종합	15,969.31	47.74	0.30%
미국	S&P500	4,697.91	9.24	0.20%
미국	필라델피아 반도체지수	3,911.75	80.31	2.10%
미국	다우존스 인터넷	1,128.09	-9.28	-0.82%
미국	아멕스 컴퓨터/하드웨어	1,415.07	-11.06	-0.78%
미국	아멕스 네트워킹지수	892.64	1.78	0.20%
미국	아멕스 생명공학지수	5,415.18	-42.68	-0.78%
미국	다우존스 운송지수	16,550.01	-241.40	-1.44%

위의 그림처럼 반도체 업종 지수가 +2.1% 상승률로 높게 나오면 우리나라 반도체 업종과 관련 종목의 주가가 상승할 가능성이 크다.

[그림 3-31] 나스닥 상승 상위 종목

심볼	종목명	현재가	대비	대비율
NVDA	엔비디아	326.42	33.81	11.55%
AMD	어드밴스드 마이크로 디	158.16	6.82	4.51%
JD	JD닷컴	86.21	3.06	3.68%
MRNA	모더나	251.05	8.82	3.64%
XLNX	자일링스	222.59	6.41	2.97%
MU	마이크론 테크놀로지	77.42	1.96	2.60%
QCOM	퀄컴	188.15	4.61	2.50%
ASML	ASML 홀딩	879.79	20.33	2.37%
OKTA	Okta, Inc.	271.45	5.03	1.89%
CRWD	CROWDSTRIKE HOLDII	274.64	4.87	1.81%
MRVL	Marvell Technology Gr	74.91	1.27	1.72%
EBAY	이베이	74.51	1.12	1.54%
TSLA	테슬라	1,103.84	14.84	1.36%
TEAM	Atlassian Corporation P	445.68	5.44	1.24%
TXN	텍사스 인스트루먼트	191.41	1.84	0.97%
AMZN	아마존 닷컴	3,583.00	34.00	0.96%

나스닥 반도체 기업인 엔비디아가 실적 호조로 급등하고 다른 반도체 기업들도 상승해 다음 날 한국 반도체 종목들의 주가도 상승했다.

매일 미국 시장의 업종별 등락 현황과 종목 등락 현황을 반드시 체크해 투자에 활용해보자. 최근 미국 시장에 상장한 전기차 업체 리비안의 주가가 상장 후 100% 이상 상승함으로써 우리나라 시장의 전기차 배터리 업체들의 주가 상승도 동조화 추세를 보였다. 또한, 미국 메타버스 기업인 로블록스의 실적 서프라이즈로 메타버스 관련 종목의 주가가 상승하자 국내 주식 시장의 메타버스 관련 종목의 주가도 급등하고 있다.

미국 시장 시가총액 상위 기업 TOP 10(2021년 11월 30일 기준)

순위	종목명	시가총액
1	애플	2,609조 원
2	마이크로소프트	2,519조 원
3	아마존닷컴	1,801조 원
4	테슬라	1,134조 원
5	알파벳 C	924조 원
6	알파벳 A	871조 원
7	엔비디아	825조 원
8	메타플랫폼스	793조 원
9	TSMC	611조 원
10	제이피모간	466조 원

미국 기업과 국내 기업의 관련 종목

순위	종목명	관련 종목
1	애플	LG이노텍, 삼성전기, 비에이치
2	마이크로소프트	더존비즈온(클라우드)
3	아마존닷컴	네이버, 더존비즈온
4	테슬라	LG에너지솔루션, 엘앤에프, 명신산업, 우리산업 등 2차전지
5	마이크론테크놀로지	삼성전자, SK하이닉스 등 반도체
6	알파벳 A	네이버, 카카오, 아프리카TV 등 인터넷
7	엔비디아	심텍, 한컴MDS, 제이씨현시스템
8	메타플랫폼스	위지윅스튜디오, 덱스터, 자이언트스텝, 맥스트 등 메타버스
9	TSMC	삼성전자, 한미반도체 등 비메모리 반도체
10	화이자, 모더나	SK바이오사이언스, 녹십자 등 백신치료제
11	넷플릭스	스튜디오드래곤, NEW, 덱스터, 제이콘텐트리 등 드라마 제작사

일본 투자의 대가, 손정의 소프트뱅크 회장의 성공법칙

○ **세상의 변화에 투자, 70% 확률이 있으면 도전!**
- 1980년대 컴퓨터 세상에 투자해 성공(마이크로소프트)
- 1990년대 핸드폰 세상에 투자해 성공(소프트뱅크)
- 2000년대 인터넷 세상에 투자해 성공(야후, 알리바바)
- 2010년대 모바일 세상에 투자해 성공(애플)
- 2020년대 4차산업 세상에 투자해 성공(ARM, 엔비디아)

○ **손정의, 5대 경영 키워드**

1. 이념: 도천지장법(道天地將法)
- 승리하려면 올바른 뜻, 적절한 타이밍, 지리적 이점, 충성스러운 장수(임직원), 효율적인 시스템을 갖추어야 한다.

2. 비전: 정정략칠투(頂情略七鬪)
- 목표를 정한 후 정보를 수집하고 승률이 70% 이상이면 즉시 전투에 돌입한다.

3. 전략: 일류공수군(一流攻守群)
- 압도적 1위가 가능한 사업을 택하고 다각도로 치고 나가며 위험은 피하고 멀티브랜드 전략을 사용한다.

4. 마음: 지신인용엄(智信仁勇嚴)
- 장수는 지혜, 신의, 인애, 용기, 엄격함을 지녀야 한다.

5. 전술: 풍림화산해(風林火山海)
- 재빨리, 조용히, 철저히, 흔들림 없이, 바다처럼 모든 것을 삼켜버려야 전투가 비로소 끝난다.

출처: 손정의 제곱 법칙

" 조금도 위험을 감수하지 않는 것이 인생에서
가장 위험한 일일 거라고 믿는다."

-오프라 윈프리-

PART 4 실전,
국내 기관투자자
수급을 이용해
수익 내는 법

제1장
국내 기관투자자의 투자 성향

    기관투자자란 외국인 투자자와 더불어 대규모 자금을 운용하는 투자자로 일반인이나 법인으로부터 자금을 모아 주식에 투자하는 법인 형태의 투자자를 말한다. 기관투자자는 금융투자, 투자신탁, 은행, 보험, 연기금, 사모펀드, 기타 금융 등으로 분류되며 각 주체마다 투자 성격이 다르다. 투자 주체별 매매 동향은 장 시작 후 HTS에서 파악할 수 있다.

[그림 4-1] 투자자별 매매 동향

시장구분	개인	외국인	기관계	금융투자	보험	투신	은행	기타금융	연기금등	국가,지자체	기타법인	사모펀드
거래소	5,931	2,883	-9,980	-5,327	-434	-1,263	133	-366	-1,681		1,080	-1,041
코스닥	2,156	-1,093	565	2,298	-22	-266	-27	-324	152		-1,629	-1,245
KSP200선물	2,602	-7,525	4,709	1,713	-1	3,004	-66	4	55		214	
KSP200콜옵	-11	-43	56	56							-1	
KSP200풋옵	1	68	-63	-60			-1				-6	
주식선물	491	-182	-301	-121	1	-170	-4		-7		-7	

금융투자: 주로 증권사를 의미하며 국내에는 35개 증권사가 있다. 증권사 고유자금을 운용하는 부서에서 담당하며 일명 '프랍'이라고 부른다. 대규모 자금을 운용하며 주로 프로그램 매매 차익거래를 하므로 외국인 투자자의 선물매매 규모에 따라 하루에도 수천억 원 이상의 매매자금을 거래하는데 주로 단기 투자 성향이다.

투신(투자신탁): 펀드를 운용하는 자산운용사로 단기로 모멘텀이 있는 종목을 집중매집하며 공격적이고 고수익을 추구하는 패턴을 보인다. 급등하는 중·소형주의 경우, 주로 투신의 수급이 많이 보인다. 개인투자자가 이 투신들의 수급을 투자자별 매매 동향에서 확인해 단기매매에 이용하면 단기에 빠른 수익을 낼 수 있다.

연기금: 국내 기관투자자 중 규모가 가장 큰 기관으로 국민연금, 교직원 사학연금, 군인연금, 공무원연금, 우정사업본부 등의 연기금을 투자하는 대표적인 장기투자 기관으로 주식시장 폭락 시 증시의 구원투수 역할을 하기도 한다. 국내 대부분의 주요 기업에 투자해 지분율이 매우 높다. 하지만 자산 중 주식에 투자할 수 있는 한도가 정해져 있어 일정 비중이 넘으면 의무적으로 비중을 줄인다(2021년 종합지수가 3,000포인트를 넘으면서 국민연금의 주식 매도가 지속적으로 나온 이유다).

은행 · 보험: 각 은행, 보험 등의 일부 자산을 주식에 투자하며 주로 저평가주, 배당주 위주로 장기투자하는 경향을 보인다.

사모펀드: 49인 이하의 소수 투자자로부터 자금을 모아 투자하는 기관으로 주로 단기 모멘텀 위주로 투자하며 단기 수익률을 목표로 운용하는 경향을 보인다.

기타 금융: 주로 벤처금융으로 비상장 기업에 장기투자하는 경향을 보인다.

기타 법인: 위의 기관 외에 주식투자를 하는 법인이다(자사주 매입 포함).

국민연금의 주식투자 규모 및 포트폴리오

국민연금은 1988년 국민연금법에 따라 설치된 이래로 2021년 8월 말 기준 운용 규모가 930조 원에 달한다. 전체 자산 중 주식 45.8%, 채권 43.6%, 대체투자 10.6%의 포트폴리오로 운용 중이다. 주식 부분에서 국내 주식은 19%(177조 원), 해외 주식 26.7%(248조 원)를 운용 중이다. 2021년 8월 말 기준 국민연금의 수익률은 국내 주식이 약 12.29%, 해외 주식이 약 24.87%를 유지하고 있다. 국민연금은 실질가치를 유지하면서 +α 수익을 내는 것이다. 장기 투자자는 국민연금의 포트폴리오를 참고해 투자하기 바란다.

[그림 4-2] 국민연금의 투자 포트폴리오

포트폴리오 현황

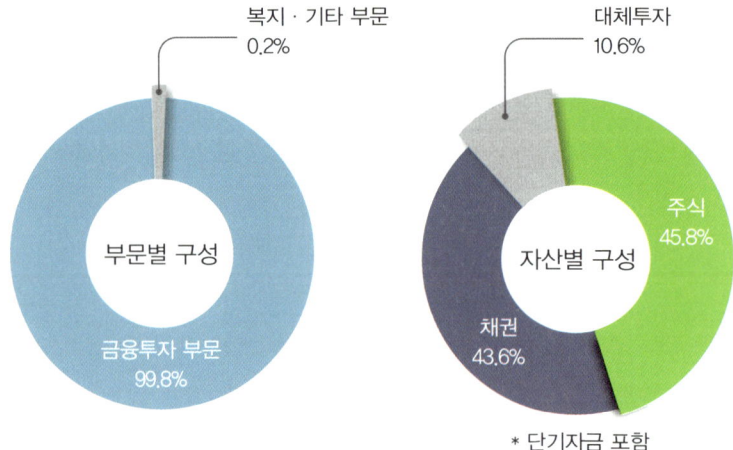

부문별 구성
- 복지·기타 부문 0.2%
- 금융투자 부문 99.8%

자산별 구성
- 대체투자 10.6%
- 주식 45.8%
- 채권 43.6%
* 단기자금 포함

* 국민연금은 기금운용의 이해를 돕기 위해 매월 말 기금 포트폴리오 구성 현황을 공개하고 있다.
단, 위의 수치는 결산 전 잠정치다.

(단위: 조 원, 2021년 8월 말 기준)

구분	금액	비중
전체 자산	930.5	100%
복지 부문	0.2	0.0%
금융투자 부문	928.9	99.8%
국내 주식	177.0	19.0%
해외 주식	248.5	26.7%
국내 채권	344.2	37.0%
해외 채권	58.2	6.3%
대체투자	98.5	10.6%
단기자금	2.4	0.3%
기타 부문	1.4	0.2%

* 기타 부문은 회관비, 임차보증금 등임

주식투자, 거인의 어깨에 올라타라

국내 주식 TOP 10과 해외 주식 TOP 10 종목은 다음과 같다.

[그림 4-3] 국민연금의 국내 투자 종목 TOP 10

(단위: 억 원, 2020년 말 기준)

번호	종목명	평가액	자산군 내 비중	지분율
1	삼성전자	517,051	29.5%	10.7%
2	SK하이닉스	94,594	5.4%	11.0%
3	LG화학	56,584	3.2%	9.7%
4	NAVER	55,607	3.2%	11.6%
5	삼성SDI	43,058	2.5%	10.0%
6	현대차	42,013	2.4%	10.2%
7	셀트리온	40,292	2.3%	8.3%
8	카카오	29,471	1.7%	8.6%
9	현대모비스	28,649	1.6%	11.8%
10	POSCO	27,803	1.6%	11.7%

[그림 4-4] 국민연금의 해외 투자 종목 TOP 10

(단위: 억 원, 2020년 말 기준)

번호	종목명	평가액	자산군 내 비중	지분율
1	APPLE INC	50,237.39	2.61%	0.20%
2	MICROSOFT CORP	43,004.50	2.23%	0.24%
3	AMAZON.COM INC	38,917.92	2.02%	0.22%
4	FACEBOOK INC CLASS A	24,096.60	1.25%	0.34%
5	TESLA INC	22,223.83	1.15%	0.31%
6	ALPHABET INC CL C	21,603.63	1.12%	0.34%
7	ALPHABET INC CL A	18,555.28	0.96%	0.32%
8	TENCENT HOLDINGS LTD	18,449.22	0.96%	0.24%
9	TAIWAN SEMICONDUCTOR SP ADR	15,604.99	0.81%	0.25%
10	ALIBABA GROUP HOLDING SP ADR	15,587.03	0.81%	0.23%

다음은 국내 기관투자자가 운용하는 펀드 자금 규모다.

공모펀드(72조 원), 사모펀드(18조 원), 일임 투자(90조 원) 등 총 182조 원 운용

출처: 금융투자협회

구분	2021년 11월 18일 기준(단위: 백만 원)			
	공모펀드	사모펀드	일임 투자	계
주식	72,774,019	18,471,160	90,745,255	181,990,434
혼합주식	3,639,049	5,876,392	5,844,291	15,359,732
혼합채권	14,590,254	6,979,907	7,934,853	29,505,013
채권	34,786,290	95,170,285	401,830,797	531,787,372
투자계약	0	6,985	0	6,985
재간접	16,037,361	36,113,443	7,483,604	59,634,409
단기금융	131,420,150	31,687,772	0	163,107,922
파생형	26,017,392	23,591,700	4,463,192	54,072,284
부동산	3,009,030	118,716,263	3,235,851	124,961,144
실물	0	0	0	0
특별자산	3,228,556	112,856,096	592,262	116,676,914
혼합자산	3,992,041	41,439,683	586,111	46,017,835
PEF	0	2,727,574	0	2,727,574
투자 일임 기타	0	0	923,629	923,629
합계	309,494,143	493,637,260	523,639,845	1,326,771,248

주식투자, 거인의 어깨에 올라타라

기관투자자(펀드매니저, 애널리스트)

펀드매니저: 투자신탁의 자산운용 담당자 또는 기관투자자의 펀드를 관리·운용하는 사람으로 전문지식으로 무장하고 일정 자격 요건을 갖추거나 자격시험에 합격한 사람이다. 펀드 운용은 기본적으로 포트폴리오 구성에 대한 관리이므로 포트폴리오 매니저라고도 한다. 투자 결정의 실질적 권한과 책임이 있으며 운용성과는 펀드매니저의 능력에 크게 좌우되므로 투자 수익률이 양호한 펀드매니저를 선택하는 것도 중요하다.

애널리스트(투자분석가): 국내·외 금융시장 정보를 수집·분석·예측해 소속 금융사나 다른 투자자에게 투자자문을 제공하는 사람이다. 각 증권사마다 국내·외 경제 상황, 산업별, 기업별 세부 정보를 기업탐방, 기업홍보(IR), 투자설명회(NDR), 경제세미나 참석 등을 통해 수집·분석해 투자 리포트를 주기적으로 발행한다. 개인투자자는 애널리스트 리포트를 통해 업종과 기업에 대한 지식을 습득하고 투자 실력을 높일 수 있으니 잘 활용하기 바란다.

2021년 상반기 베스트 증권사·애널리스트 조사의 리서치와 부문별 애널리스트 분야는 △신뢰도 및 정확성, △리포트의 적시성, △프레젠테이션, △마케팅 능력 4개 항목으로 평가하고 법인영업 분야는 △주문 및 매매 체결, △고객 관리, △정보 제공, △펀드 수익 기여 4개 항목을 순위에 반영했다. 다음 표의 베스트 애널리스트는 각 분야별 1위이니 투자에 참고하기 바란다.

2021년 한경비즈니스 선정 상반기 베스트 애널리스트 명단

분야	애널리스트	분야	애널리스트
반도체	김경민(하나금투)	통신	김홍식(하나금투)
단말기	김록호(하나금투)	전기·전자	김동원(KB증권)
디스플레이	김동원(KB증권)	인터넷	안재민(NH투자)
엔터테인먼트·레저	이기훈(하나금투)	미디어·광고	홍세종(신한금투)
유통	박종대(하나금투)	운송	황어언(신한금투)
증권·보험	강승건(KB증권)	은행·카드	최정욱(하나금투)
유틸리티	유재선(하나금투)	자동차	김준성(메리츠)
조선·중공업	김현(메리츠)	제약·바이오	허혜민(키움)
석유화학	윤재성(하나금투)	음·식료	김정욱(메리츠)
생활소비재	박종대(하나금투)	섬유·패션	하누리(메리츠)
철강·금속	박성봉(하나금투)	건설·시멘트	박형렬(메리츠)
지주회사	최남곤(유안타)	거시경제	나중혁(하나금투)
투자전략	이은택(KB증권)	계량분석	이경수(하나금투)
데일리 시황	하인환(KB증권)	파생상품	이경수(하나금투)
글로벌 미국	박성중(신한금투)	글로벌 중국	김경환(하나금투)
원자재	황병진(NH투자)	채권	오창섭(현대차)
신용분석	김상훈(신한금투)	글로벌 자산	김중원(현대차)
글로벌 ETF	이창환(현대차)	스몰캡	하나금융 스몰캡

주식투자, 거인의 어깨에 올라타라

제2장
기관투자자의
매매패턴을 알아보자

우리 개인투자자가 기관투자자의 매매패턴을 파악해야 하는 이유는 적을 알고 나를 알아 머니게임에서 승리하기 위해서다. 기관투자자는 개인투자자와 달리 대규모 자금을 운용하므로 투자 결정과 자금 집행을 하기 전에 미리 기업분석을 하기 위해 각종 데이터, 업황 자료, 실적자료, 미래 전망 등을 철저히 연구·분석해 최종 투자에 이른다. 개인투자자도 기관투자자처럼 체계적으로 업종과 기업을 분석하고 미래 성장성을 연구해 투자하면 좋은 성과를 거둘 것이다.

기관투자자는 기업의 실적과 미래 전망을 바탕으로 자금을 투자하는데 투자 자금이 커 한꺼번에 투자하지 못하고 꾸준히 오랫동안 종목을 매집하는 형식으로 투자한다. 기관투자자는 시장에 따라 유동적이지만 주식 비중을 90% 이상 보유한다. 그래서 상승장에는 수익률이 계속 상승하게 된다. 하지만 박스권 시장에서 수익을 내기 위해 단기 수익 종목을 매도해 다른 저평가 주식을 다시 매수하는 단기매매를 하기도 한다.

기관투자자는 벤치마크 지수인 종합지수의 수익률을 초과 달성하기 위해 기본적으로 KOSPI200과 코스닥150 편입 종목을 의무적으로 편입하고 초과수익을 올리기 위해 기타 종목을 편입해 운영하기도 한다. 대규모 자금을 투자하므로 매수·매도 종목을 개인처럼 한 번에 수동으로 하지 않고 주로 컴퓨터 프로그램 매매로 하루종일 반복적으로 매수하거나 매도를 지속한다. 특히 금융투자사(증권사)는 단기매매와 프로그램 매매로 차익거래를 주로 한다.

차익거래란 선물과 현물의 시세 차이를 이용해 선물이 고평가(콘탱고)되면 매도해 현물을 매수하고 선물이 저평가(백워데이션)되면 선물을 매수하고 현물을 매도하는 거래를 말한다. 영어로는 Arbitrage(아비트리지) 거래라고 하고 선물과 현물의 가격 차이를 이용한 무위험 차익거래로 수익을 내는 방식이다. 비차익거래는 지수 선물과는 무관하게 현물 시장에서 코스피 15개 이상 종목을 묶어 동시에 매매하는 '바스킷' 거래를 말한다.

비차익거래는 시장 전망에 따라 주식을 사고파는 것이다. 금융투자는 고유자산을 운용해 수익 성과에 대한 인센티브를 지급하므로 단기매매로 절대 수익을 추구하는 편이다. 차익거래가 많으면 단기 매매성이라고 보며 비차익거래가 많으면 시장 방향성에 투자하는 것으로 보면 된다.

[그림 4-5] 프로그램 매매 차익거래와 비차익거래 동향

일자	차익거래 매도	차익거래 매수	차익거래 순매수	비차익거래 매도	비차익거래 매수	비차익거래 순매수	전체 매도	전체 매수	전체 순매수
2021/11/19	181,650	185,432	3,782	2,134,640	2,209,617	74,977	2,316,291	2,395,050	78,758
2021/11/18	107,035	123,426	16,391	2,059,836	2,085,511	25,675	2,166,871	2,208,937	42,065
2021/11/17	73,027	38,631	-34,396	2,152,953	2,166,844	13,891	2,225,980	2,205,475	-20,504
2021/11/16	99,724	96,140	-3,584	2,246,470	2,395,593	149,123	2,346,194	2,491,733	145,539
2021/11/15	60,707	76,302	15,595	2,009,855	2,265,377	255,522	2,070,563	2,341,679	271,116
2021/11/12	69,189	89,094	19,905	2,238,388	2,713,255	474,867	2,307,578	2,802,349	494,771
2021/11/11	87,605	97,806	10,201	2,771,326	2,958,153	186,827	2,858,932	3,055,960	197,028
2021/11/10	111,961	95,515	-16,446	2,003,588	1,849,179	-154,409	2,115,549	1,944,695	-170,854
2021/11/09	111,864	123,114	11,250	2,140,095	1,871,334	-268,761	2,251,959	1,994,449	-257,510
2021/11/08	123,439	124,808	1,369	2,218,437	2,021,034	-197,403	2,341,877	2,145,842	-196,035
2021/11/05	159,560	161,211	1,651	2,314,053	2,194,517	-119,536	2,473,613	2,355,728	-117,884
2021/11/04	91,981	114,730	22,749	2,644,449	2,713,681	69,232	2,736,430	2,828,411	91,981
2021/11/03	82,833	61,563	-21,270	2,077,129	1,795,632	-281,497	2,159,962	1,857,196	-302,766

　　다음은 펀드를 운용하는 투신이나 사모펀드, 연기금을 운용하는 기관투자자가 매매할 때 종목당 대규모 자금을 한꺼번에 매수할 수 없으므로 장기간 주기적으로 반복해 사거나 파는 경향이다. 당일 매매 패턴에서도 반복적으로 일정 수량을 지속적으로 매수·매도하는 패턴이니 독자 여러분도 기관투자자의 수급을 체결 창에서 파악해 단기매매에 활용해보자. 지속적으로 수급이 들어오면 주가는 상승하게 된다.

★ 단주 매수 패턴: 체결매수 반복(리노공업, 2021년 11월 19일)

시간	상승금액	주가	체결 수량
11:00:36	17,800	209,100	55
11:00:08	17,700	209,000	55
11:00:03	17,600	208,900	55
11:00:02	17,000	208,300	55
10:58:16	16,800	208,100	55
10:51:18	16,500	207,800	55
10:48:59	16,700	208,000	55
10:46:40	15,500	206,800	55
10:44:21	15,100	206,400	55
10:42:01	14,400	205,700	55
10:36:20	15,200	206,500	55
10:21:08	11,900	203,200	55
10:14:10	10,600	201,900	55
10:07:12	8,700	200,000	55
10:04:53	8,100	199,400	55
10:04:51	8,100	199,400	55
9:57:55	7,800	199,100	55
9:55:36	8,100	199,400	55
9:41:40	6,700	198,000	55
9:40:41	6,600	197,900	55
9:39:21	5,600	196,900	55
9:33:07	5,700	197,000	55

일정 시간마다 동일 수량으로 반복적으로 매수하는 패턴이다. 9시 33분부터 주가는 197,000원에서 11시 209,100원까지 상승했다.

★ 단주 매도 패턴: 체결매도 반복(리노공업, 2021년 11월 19일)

시간	하락금액	주가	체결 수량
14:46:57	−400	15,600	350
14:46:24	−400	15,600	350
14:45:43	−400	15,600	350
14:45:14	−400	15,600	350
14:41:48	−350	15,650	350
14:41:29	−300	15,700	350
14:41:15	−300	15,700	350
14:40:05	−350	15,650	350
14:38:22	−350	15,650	350
14:36:39	−300	15,700	350
14:34:56	−300	15,700	350
14:33:13	−350	15,650	350
14:31:30	−300	15,700	350
14:29:47	−300	15,700	350
14:28:04	−350	15,650	350
14:26:21	−350	15,650	350
14:24:38	−350	15,650	350
14:22:55	−350	15,650	350
14:21:12	−350	15,650	350
14:19:29	−350	15,650	350
14:17:46	−350	15,650	350
14:16:03	−400	15,600	350
14:14:20	−350	15,650	350
14:12:37	−350	15,650	350
14:10:56	−350	15,650	350
14:10:54	−350	15,650	350
14:09:11	−400	15,600	350
14:05:45	−350	15,650	350
14:04:22	−350	15,650	350
14:04:02	−350	15,650	350

일정 시간마다 동일 수량을 반복적으로 매도하는 패턴이다. 지속적인 매도 물량 출회로 주가는 하락세를 유지하는 중이다.

PART 4 실전, 국내 기관투자자 수급을 이용해 수익 내는 법

★ 연속 매수 패턴: 1초에 수십 번 매수체결

[그림 4-6] **연속 매수 패턴**(덕산테코피아, 2021년 11월 19일)

시간	대비	현재가	체결매도	체결매수	체결강도	0　　　　　200
10:04:54	▲ 4,900	36,200		3	141.32%	
10:04:54	▲ 4,850	36,150	2		141.32%	
10:04:54	▲ 4,900	36,200		41	141.32%	
10:04:54	▲ 4,850	36,150		112	141.31%	
10:04:53	▲ 4,850	36,150		45	141.29%	
10:04:53	▲ 4,850	36,150		8	141.28%	
10:04:53	▲ 4,850	36,150		100	141.28%	
10:04:53	▲ 4,850	36,150		27	141.27%	
10:04:53	▲ 4,850	36,150		3	141.26%	
10:04:53	▲ 4,850	36,150		13	141.26%	
10:04:53	▲ 4,850	36,150		5	141.26%	
10:04:53	▲ 4,850	36,150		10	141.26%	
10:04:53	▲ 4,850	36,150		27	141.26%	
10:04:53	▲ 4,850	36,150		100	141.25%	
10:04:53	▲ 4,850	36,150		35	141.23%	
10:04:53	▲ 4,850	36,150		26	141.23%	
10:04:53	▲ 4,850	36,150		37	141.22%	
10:04:53	▲ 4,850	36,150		50	141.22%	
10:04:53	▲ 4,850	36,150		2	141.21%	
10:04:53	▲ 4,850	36,150		1	141.21%	
10:04:53	▲ 4,850	36,150		10	141.21%	
10:04:53	▲ 4,850	36,150		14	141.20%	
10:04:53	▲ 4,850	36,150		8	141.20%	
10:04:53	▲ 4,800	36,100	1		141.20%	
10:04:53	▲ 4,850	36,150		5	141.20%	
10:04:53	▲ 4,850	36,150		138	141.20%	
10:04:53	▲ 4,850	36,150		5	141.18%	
10:04:53	▲ 4,850	36,150		65	141.18%	
10:04:53	▲ 4,850	36,150		12	141.16%	
10:04:53	▲ 4,850	36,150		5	141.16%	
10:04:53	▲ 4,850	36,150		11	141.16%	
10:04:53	▲ 4,850	36,150		20	141.16%	
10:04:53	▲ 4,850	36,150		70	141.16%	
10:04:53	▲ 4,850	36,150		170	141.14%	
10:04:53	▲ 4,850	36,150		10	141.11%	
10:04:53	▲ 4,850	36,150		100	141.11%	
10:04:53	▲ 4,850	36,150		1	141.09%	
10:04:53	▲ 4,850	36,150		3	141.09%	
10:04:53	▲ 4,850	36,150		265	141.09%	
10:04:53	▲ 4,850	36,150		45	141.05%	
10:04:53	▲ 4,850	36,150		10	141.04%	
10:04:52	▲ 4,800	36,100	1		141.04%	

1초에 다량의 매수체결 건수가 집중되고 주가는 급상승하는 중이다.

★ 연속 매도 패턴: 수초 동안 매도체결

[그림 4-7] **연속 매도 패턴**(비덴트, 2021년 11월 19일)

수초 동안 매도체결량이 반복적으로 집중되고 있고 주가는 하락하는 중이다.

PART 4 실전, 국내 기관투자자 수급을 이용해 수익 내는 법

★ 대량 매수 패턴: 1초 동안 대량 매수체결

[그림 4-8] 대량 집중 매수 패턴

시간	대비	현재가	체결매도	체결매수	체결강도
10:23:43	▲ 1,800	28,500	1,000		374.98%
10:23:41	▲ 1,900	28,600		1	383.06%
10:23:39	▲ 1,900	28,600		10	383.05%
10:23:36	▲ 1,850	28,550		5	383.03%
10:23:35	▲ 1,800	28,500	17		383.02%
10:23:34	▲ 1,900	28,600		3	383.16%
10:23:34	▲ 1,900	28,600		8	383.16%
10:23:34	▲ 1,800	28,500	9		383.14%
10:23:34	▲ 1,900	28,600		3	383.21%
10:23:34	▲ 1,800	28,500	1		383.21%
10:23:34	▲ 1,850	28,550		347	383.22%
10:23:34	▲ 1,850	28,550		69	382.47%
10:23:34	▲ 1,850	28,550		2	382.32%
10:23:34	▲ 1,850	28,550		1	382.31%
10:23:34	▲ 1,850	28,550		2	382.31%
10:23:34	▲ 1,800	28,500		2	382.31%
10:23:34	▲ 1,800	28,500		423	382.30%
10:23:34	▲ 1,800	28,500		2	381.39%
10:23:34	▲ 1,800	28,500		258	381.39%
10:23:34	▲ 1,800	28,500		29	380.83%
10:23:34	▲ 1,800	28,500		11,869	380.77%
10:23:34	▲ 1,750	28,450		3,816	355.18%
10:23:34	▲ 1,700	28,400		2,926	346.96%
10:23:34	▲ 1,650	28,350		2,167	340.65%
10:23:34	▲ 1,600	28,300		2,090	335.98%
10:23:33	▲ 1,600	28,300		8	331.47%

1초 동안 약 22,000주(6억 2,700만 원) 매수체결로 큰손이 매수하고 있다는 것을 알 수 있고 주가는 급등하는 중이다.

★ 대량 매도 패턴: 1초 동안 대량 매도체결

[그림 4-9] 대량 집중 매도 패턴(비덴트, 2021년 11월 19일)

1초 동안 대량 매도자금이 체결되고 주가는 하락하는 중이다.

PART 4 실전, 국내 기관투자자 수급을 이용해 수익 내는 법

제3장
기관투자자 수급으로
단기 수익 내는 법

    2장에서 기관투자자의 매매패턴을 배웠으니 독자 여러분이 보유한 종목이나 관심 종목에서 기관의 수급이 실시간으로 포착되는지 체결 창에서 살펴보고 기관투자자의 수급이 포착되면 분할 매수해 단기매매 수익을 내보자.

    [그림 4-10]은 단주 매수 패턴으로 수급이 포착된 리노공업의 분봉 차트다. 당일 단기매매로 수익을 낼 수 있고 다음 날에도 수급이 지속되거나 유지된다면 보유하면서 수익극대화를 노릴 수 있다.

[그림 4-10] 리노공업 분봉 차트

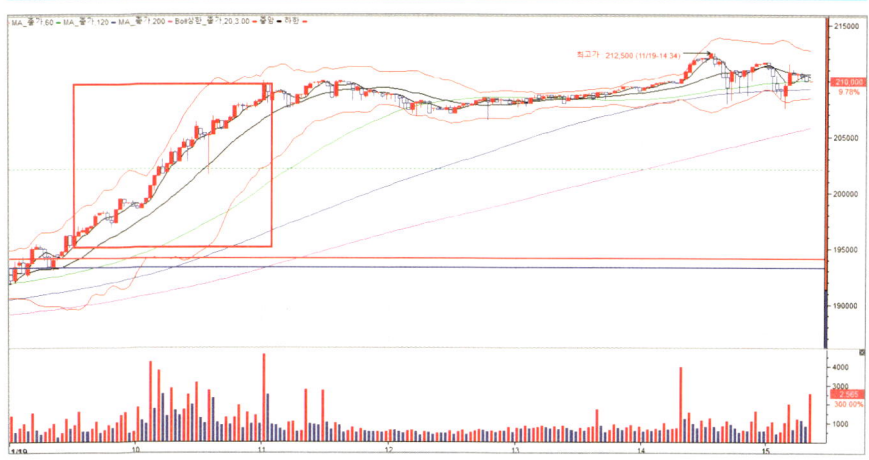

9시 33분부터 11시까지의 단주 매수체결이 지속되는 동안 주가 상승이 이어졌고 단기매매 수익을 낼 수 있었다.

[그림 4-11]은 연속 매수 패턴을 보인 덕산테코피아의 일봉 차트다. 당일 수급을 포착한 후 매수해 단기 수익을 낼 수 있었고 4일 전에도 대량 거래와 더불어 기관과 외국인의 수급이 유입된 후 지속적으로 주가 상승이 나오고 있다. 만약 수급이 유입되는 첫날부터 수급을 포착한 후 보유했다면 25,000원부터 39,600원까지 주가가 상승하는 동안 단기에 큰 수익을 낼 수 있었을 것이다.

[그림 4-11] 덕산테코피아 일봉 차트

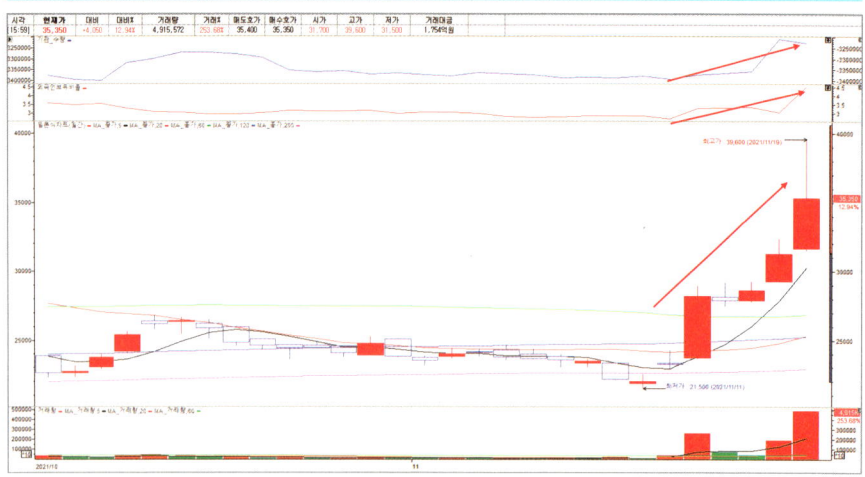

그렇다면 기관투자자의 수급이 들어오는 것을 장중에 어떻게 알 수 있을까? HTS에서 '투자자별 잠정 매매 동향'을 파악하면 하루에 4회 기관투자자의 수급을 알 수 있다. 시간은 오전 10시경, 11시 10분, 오후 1시 20분, 2시 30분경 잠정 매매 동향이 발표되니 집중해 살펴보자.

[그림 4-12] 투자자별 잠정 매매 동향

[7210] 종목별 투자자 매매동향(잠정)

투자자별(잠정) | 투자자별종합(잠정) | 투자자별(확정) | 일별 매매추이 | 평균가 분석

○전 체 ○거래소 ⊙코스닥 ○관심그룹 ○업종 ○수량 ⊙금액 (단위:백만원) 다음 조회 편집

기관계 상위순 2021/11/19 14:23 (자료집계시간) 시간대별

종목명	현재가	대비율	외국인	기관계	보험,기타금융	투신	은행	연기금 등	국가,지자체	기타법인
위메이드	237,000	4.64%	-4,503	6,636	1,185	2,844		2,607		-8,769
리노공업	210,000	9.78%	-1,088	3,780		4,620		-840		210
다날	14,500	9.85%	4,495	2,639	-87	2,987		-261		2,813
덕산네오룩스	65,000	1.25%	4,250	1,625	195	1,040		390		-325
서진시스템	41,400	8.66%	437	1,490		1,490				248
에치에프알	29,000	8.61%	362	1,450		1,421		29		203
동진쎄미켐	39,100	0.77%	-1,994	1,446		312		1,133		-39
케이엠더블유	15,600	7.96%	306	1,372		780		592		-156
세경하이테크	26,700	5.33%	293	1,308		1,148		160		106
솔브레인홀딩스	43,250	9.08%	1,121	1,297				1,297		
하나머티리얼즈	58,800	7.69%	552	1,176		764		411		294
비에이치	20,900	6.91%	3,302	1,065	229	-355		1,191		

시간	현재가	대비율	외국인	기관계	보험,기타금융	투신	은행	연기금 등	국가,지자체	기타법인
14:23	28,800	7.87%	359	1,440		1,411		28		201
13:16	28,650	7.30%	358	1,346		1,346				85
11:09	28,700	7.49%	71	1,291		1,291				
09:55	28,000	4.87%	13	560		560				
09:23	27,250	2.06%	13							

잠정 매매 동향에서 9시 55분에 에치에프알의 수급 5억 6천만 원이 포착되었고 장중 내내 수급이 증가하면서 2시 23분에는 14억 원까지 증가했고 주가도 장 종료 때까지 상승했다.

[그림 4-13] **에치에프알 분봉 차트**

위메이드의 수급은 11시 이후부터 기관투자자의 수급이 포착되었고 주가 상승도 11시부터 13시까지 단기 상승했다.

[그림 4-14] 위메이드 잠정 수급 동향

[그림 4-15] 위메이드 분봉 차트

11시에 위메이드의 기관 수급을 포착한 후 매수했다면 단기 매매로 수익을 낼 수 있었다.

잠정 투자자별 매매 동향에서 기관투자자 수급과 외국인 투자자의 프로그램 양 매수 수급이 유입되는 종목의 주가 상승 폭이 크므로 양 매수 수급주를 주로 공략하면 단기매매 성공률이 매우 높다. 덕산테코피아는 기관 수급과 외국인 양 매수 수급이 포착된 후 주가 상승이 크게 나왔다.

[그림 4-16] 덕산테코피아 프로그램 매수

종목명	현재가	대비	대비율	거래량	프로그램매매 (금액: 천원)		
					매 도	매 수	순매수
카카오게임즈	107,500 ▼	-1,100	-1.01%	3,507,244	45,622,205	59,820,582	14,198,377
덕산테코피아	35,350 ▲	4,050	12.94%	4,915,572	17,152,256	27,114,215	9,961,959
피엔티	54,200 ▲	2,900	5.65%	951,152	9,608,629	17,607,178	7,998,548
다날	14,500 ▲	1,300	9.85%	84,851,049	59,635,595	67,292,492	7,656,896
ISC	29,200 ▲	2,850	10.82%	1,631,347	3,051,299	10,691,225	7,639,925
에스앤에스텍	36,500 ▲	2,550	7.51%	874,447	3,502,937	10,122,332	6,619,394
비에이치	20,900 ▲	1,350	6.91%	1,976,457	4,115,878	10,522,153	6,406,275
FSN	9,620 ↑	2,220	30.00%	17,358,581	1,518,353	7,701,374	6,183,020
케이엠더블유	38,800 ▲	3,500	9.92%	631,612	3,232,582	9,383,463	6,150,881
골프존뉴딘홀딩?	10,400 ▲	1,250	13.66%	4,556,517	2,815,939	8,793,386	5,977,447
메지온	187,000 ▲	6,500	3.60%	136,790	3,969,144	8,874,287	4,905,143
위메이드	237,000 ▲	10,500	4.64%	2,566,775	68,060,188	72,745,848	4,685,659
바이오니아	47,500 ▲	2,000	4.40%	623,138	3,162,622	7,445,413	4,282,790

[그림 4-17] 덕산테코피아 분봉 차트

　　기관투자자의 매수 수급뿐만 아니라 매도 수급을 파악하면 보유 종목을 빨리 매도해 손실을 피할 수도 있을 것이다.

[그림 4-18] 조이시티 잠정 매매 동향

주식투자, 거인의 어깨에 올라타라

[그림 4-19] 조이시티 분봉 차트

9시 55분 조이시티에 대한 기관의 수급 유출이 포착된 후 즉시 매도했다면 손실을 피할 수 있었을 것이다.

[그림 4-20] 비덴트 분봉 차트

비덴트의 잠정 매매 동향은 양 매도로 수급이 지속적으로 유출되었다.

PART 4 실전, 국내 기관투자자 수급을 이용해 수익 내는 법

[그림 4-21] 데브시스터즈 분봉 차트

데브시스터즈의 잠정 매매 동향은 기관의 수급이 지속적으로 유출되었다.

제4장
기관투자자 인덱스 수급으로 수익 내는 법

코스피200 지수, 코스닥150 종목 구성 및 변경 기준

선정 방법은 산업군별로 일 평균 시가총액이 큰 순서대로 누적 시가총액이 해당 산업군 전체 시가총액의 85%(코스닥 60%) 이내다. 구성 종목은 6월, 12월 선물옵션 결제일에 변경된다. 4월 말, 10월 말 시가총액 등을 기준으로 구성 종목을 선정하고 2주 동안 공시한 후, 변경된 종목에 따라 지수가 운용된다. 코스피200 지수 편입이 예상되는 종목을 언론이나 증권사 리포트를 참고해 선취매해 편입일 전에 매도하면 수익을 낼 수 있다. 반면, 코스닥150 지수는 규모가 작아 영향이 작다.

PART 4 실전, 국내 기관투자자 수급을 이용해 수익 내는 법

◆ 코스피200 지수 편입 산업 분류 기준

에너지	소재
산업재	자유 소비재
필수 소비재	헬스케어
금융 및 부동산	정보기술
커뮤니케이션 서비스	유틸리티

◆ 코스닥150 지수 편입 산업 분류 기준

정보기술	헬스케어
커뮤니케이션 서비스	소재
산업재	필수 소비재
자유 소비재	금융
에너지	유틸리티
부동산	

2021년 6월 코스피200 정기 변경 결과는 다음과 같다.

◆ 7개 종목 교체(5개 종목 편입, 7개 종목 편출)

편입 종목		편출 종목	
산업군	종목명	산업군	종목명
산업재	대한전선	산업재	태영건설
소재	효성첨단소재	소재	한일현대시멘트
필수 소비재	동원산업		남선알미늄
자유 소비재	효성티앤씨	필수 소비재	SPC삼립
헬스케어	SK바이오사이언스		삼양사
			빙그레
			애경산업

코스피200 종목 편입 종목의 주가 추이를 살펴보자.

[그림 4-22] 대한전선 주가 추이

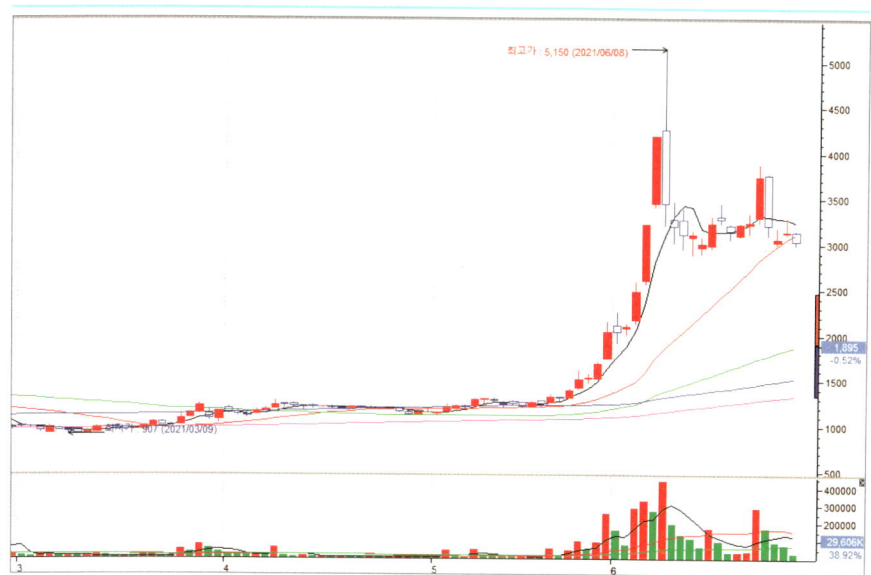

지수 편입 예상 종목이 아니어서 지수 편입 발표 후 편입일까지 주가가 급등했다.

[그림 4-23] 효성첨단소재 주가 추이

효성첨단소재는 지수 편입 발표 전에 미리 주가가 선반영되었다.

[그림 4-24] 동원산업 주가 추이

동원산업은 지수 편입 발표 전에 미리 주가가 선반영되었다.

[그림 4-25] 효성티앤씨 주가 추이

효성티앤씨는 지수 편입 발표 전에 미리 주가가 선반영되었다.

[그림 4-26] SK바이오사이언스 주가 추이

SK바이오사이언스는 지수 편입 발표 전에 미리 주가가 상승했다.

[그림 4-27] 특례 편입 카카오뱅크 주가 추이

　　카카오뱅크는 상장 때부터 코스피200 지수 특례 편입 예상 종목으로 상장 후부터 편입일까지 주가 상승률이 컸다.

[그림 4-28] 특례 편입 크래프톤 주가 추이

크래프톤은 상장 때부터 코스피200 지수 특례 편입 예상 종목으로 상장 후 편입일까지 주가가 상승했다.

주식 초보자도 쉽게 하는 ETF 투자

ETF(Exchange Traded Fund)는 상장지수펀드라고 한다. 이는 주식과 동일하게 매매를 통해 투자가 가능하도록 만든, 거래소에 상장되어 있는 펀드의 일종으로 코스피나 코스닥 등의 지수와 반도체, 2차전지, 헬스케어, 메타버스, 고배당 등의 ETF가 있는데 여러 종목을 한꺼번에 세트로 투자할 수 있다고 보면 된다. 종목을 선택하기 힘든 경우에는 ETF에 투자하면 골고루 투자하는 효과를 볼 수 있다.

예를 들어 BBIG(배터리, 바이오, 인터넷, 게임) ETF인 미래에셋증권의 TIGER KRX BBIG K-뉴딜(364960) ETF 편입 종목은 LG화학, 삼성SDI, SK이노베이션, 삼성바이오로직스, 셀트리온, 네이버, 카카오, 더존비즈온, 엔씨소프트, 크래프톤, 넷마블 등이다. 이처럼 ETF에 투자하면 위의 종목을 한꺼번에 골고루 사는 효과가 있다.

최근에 설정된 KODEX K-메타버스액티브 ETF(401470)에 투자하면 펄어비스, 카카오게임즈, 덱스터, 하이브, 위메이드, 네이버, 아프리카TV, 크래프톤, 위지윅스튜디오, 와이지엔터테인먼트, JYP, 제이콘텐트리, 다날, 에스엠, LG이노텍, 자이언트스텝, NEW, 게임빌, YG PLUS, 디어유, 카카오, 엔씨소프트, CJ ENM에 분산투자하는 효과를 볼 수 있다. 주식형 ETF의 거래세는 비과세되는 장점이 있으니 분산투자를 원하는 투자자는 ETF에 투자하는 것도 효과적이다.

제5장
기관투자자 수급 변곡점·눌림목 투자법

수급 변곡점 투자란?

주가는 수급이 지속적으로 유입되어야 상승할 수 있다. 주가 상승 시 큰 수익을 내려면 가능한 저점에서 매수해 고점에서 매도해야 하는데 그 저점 부근을 판단할 때 외국인이나 기관투자자의 첫 유입 시점을 기준으로 매수 전략을 세우면 된다.

예를 들어 A 종목이 하향 추세에 있다가 실적 턴어라운드가 시작되거나 호재가 예상되면 먼저 기업분석을 한 외국인이나 기관투자자의 대량매수와 함께 주가가 크게 상승하는 날이 발생한다. 평소 거래량의 두 배 이상 발생하고 주가도 장대 양봉을 세우며 그동안의 매물을 소화하며 상승할 때 수급 변곡점이라고 보면 된다. 수급 변곡점이 발생한 날 종가나 다음 날 시가 이하에서 매수한다.

[그림 4-29] 주성엔지니어링 수급 변곡점

주성엔지니어링은 하락 추세에서 수급 변곡점이 발생한 후 주가가 상승으로 전환했다.

[그림 4-30] KH바텍 수급 변곡점

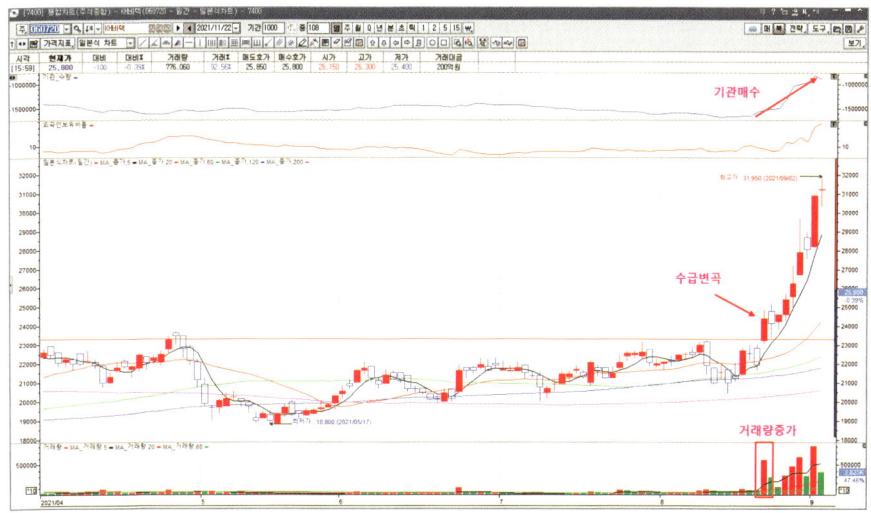

KH바텍은 횡보 추세에서 수급 변곡점이 발생한 후 주가 상승이 이어졌다.

[그림 4-31] 덕산테코피아 수급 변곡점

덕산테코피아는 하락 추세에서 수급 변곡점이 발생한 후 상승하기 시작했다.

[그림 4-32] 에치에프알 수급 변곡점

에치에프알은 하락 추세에서 수급 변곡점이 발생한 후 주가가 급등했다.

[그림 4-33] 파트론 수급 변곡점

파트론은 하락 추세에서 수급 변곡점이 발생한 후 주가가 상승으로 전환했다.

수급주 눌림목 투자란?

주가는 상승 추세가 진행되더라도 일시적으로 조정이 나오면서 하락하다가 다시 상승을 이어간다. 수급주 눌림목 투자는 외국인과 기관투자자의 수급이 들어온 종목에서 상승하다가 쉬어가는 구간이 발생할 때 눌림목에 매수해 2차 상승 시 수익을 낼 수 있는 투자다. 눌림목 구간은 시장 상황에 따라 유동적이지만 1~2일 또는 일주일가량 진행될 때도 있다. 주가 눌림목이 진행되면 분할매수해 목표수익에 도달했을 때 매도해 수익을 내면 된다.

[그림 4-34] 월덱스 눌림목 매수

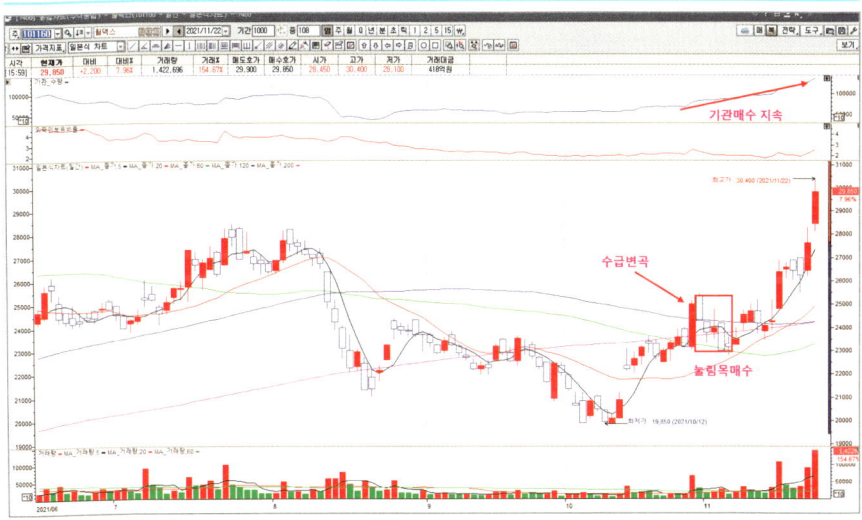

월덱스의 수급 변곡점 발생 후 5일가량 눌림목 매수 구간에서 매수해 2차 상승 시 수익 매도하면 된다.

[그림 4-35] 위지윅스튜디오 눌림목 매수

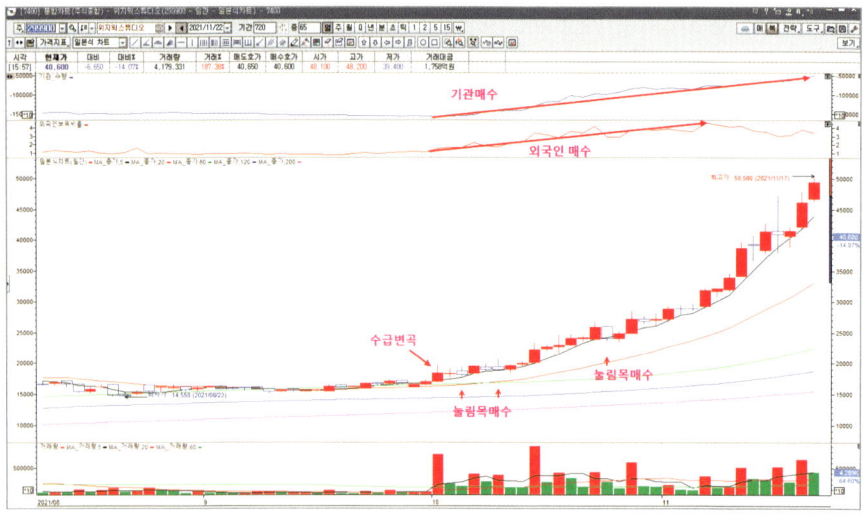

위지윅스튜디오는 수급 변곡점이 발생한 후 눌림목 매수해 주가 상승이 지속되었다.

[그림 4-36] 덱스터 눌림목 매수

덱스터는 수급 변곡점이 발생한 후 눌림목 매수해 주가 상승이 지속되었다.

[그림 4-37] 다날 눌림목 매수

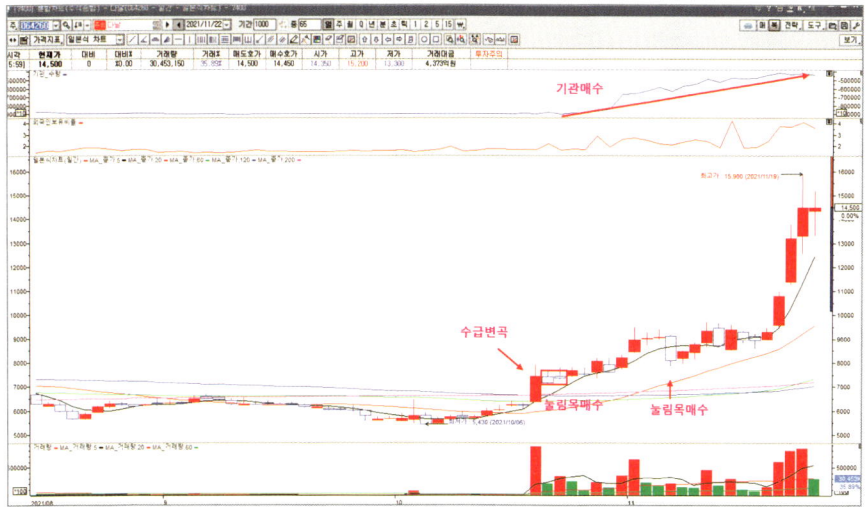

다날은 수급 변곡점이 발생한 후 눌림목 매수해 주가 상승이 지속되었다.

[그림 4-38] 하이브 눌림목 매수

하이브는 수급 변곡점이 발생한 후 눌림목 매수해 주가 상승이 지속되었다.

에셋플러스자산운용 강방천 회장의 '투자하기 좋은 기업'이란?

1. 고객이 떠날 수 없는 기업(예: 애플)

2. 고객이 늘수록 고객이 좋아하는 기업(예: 카카오)

3. 내 삶을 지탱해주고 깨우는 기업(예: 쿠팡)

4. 불황을 즐기는 1등 기업(예: 아마존)

5. 누적 수요를 쌓아가는 기업(예: 에코프로비엠)

6. 소비의 끝단을 장악하는 기업(예: 벤츠, 루이비통)

7. 시간의 가치를 쌓는 기업(예: 페라리, 테슬라)

8. 소유의 소비에서 경험의 소비로 이동을 만드는 기업(예: 여행사)

9. 늘어나는 인구를 고객으로 만드는 기업(예: 카카오)

10. 멋진 자회사를 보석처럼 품은 기업(예: 카카오)

11. 유능한 리더가 있는 기업(예: 마이크로소프트)

출처: 강방천의 관점

" 비관론자는 모든 기회에서 어려움을 찾아내고

낙관론자는 모든 어려움에서 기회를 찾아낸다."

-윈스턴 처칠-

PART 5 실전, 주식 초보자도 쉽게 할 수 있는 종목 선정법

제 1 장
증권사 애널리스트 리포트 분석으로 유망 종목 선정하기

    독자 여러분은 증권사에서 발간하는 애널리스트 업종·기업 분석 리포트를 얼마나 신뢰하는가? 전에는 증권사의 애널리스트 리포트 추천 종목을 매수하면 하락하는 경우가 많아 신뢰성이 많이 떨어졌다. 기업 리포트를 발간하기 전에 미리 증권사나 자산운용사 펀드매니저가 선취매한 후 리포트가 나오는 날 주식을 매도하는 경우가 있었기 때문이다. 하지만 최근에는 증권사 리포트가 발간되기 전에 내부적으로 선취매하면 자본시장법 위반으로 처벌받으므로 많이 근절되었다. 하루에도 수많은 증권사에서 다량의 애널리스트 리포트가 발간되므로 그중에서 유망 종목을 선정하기란 무척 어렵다. 그래서 필자는 매일 발간되는 수많은 업종·기업 리포트 중 어느 것이 훌륭한 리포트이고 주가 상승률도 좋았는지 오래 축적된 경험과 노하우를 독자 여러분에게 소개하고자 한다. 증권사 리서치센터의 애널리스트도 직업이므로 매일 의무적으로 발간하는 리포트도 많고 정말 잘 분석된 업종·기업 리포트도 있으니 옥석을 가릴 수 있어야 한다. 증권사의 분야별 베스트 애널리스트로 선정된 애널리스트의 리포트를 많이 참고해야 하고 베스트 애널리스트에 선정되지 못했더라도 믿을 만한 리포트, 실전에 도움이 되는 훌륭한 리포트도 많으니 유망 종목 리포트 선정법을 잘 익혀 투자에 큰 도움이 되기 바란다.

증권사 리포트 보는 곳

증권사마다 리서치센터에서 시황·업종·기업 리포트를 매일 발간하고 있으니 증권사 홈페이지에서 리포트를 볼 수 있다. 하지만 모든 증권사를 일일이 방문해 리포트를 볼 수는 없으니 리포트를 모아 서비스를 제공하는 곳의 유·무료 사이트를 모두 소개하겠다.

[그림 5-1] 무료 사이트: 네이버증권

네이버증권 → 리서치 → 종목분석·산업분석 리포트를 클릭해 관심 있는 기업이나 산업 리포트를 다운로드해 공부하면 된다.

홈페이지 주소: https://finance.naver.com/research/

[그림 5-2] 무료 사이트: 한경컨센서스

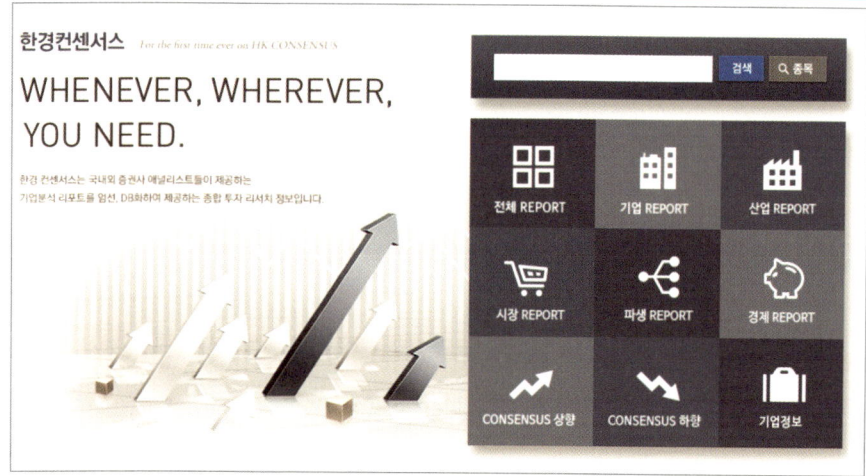

[그림 5-3] 한경컨센서스 기업분석 리포트

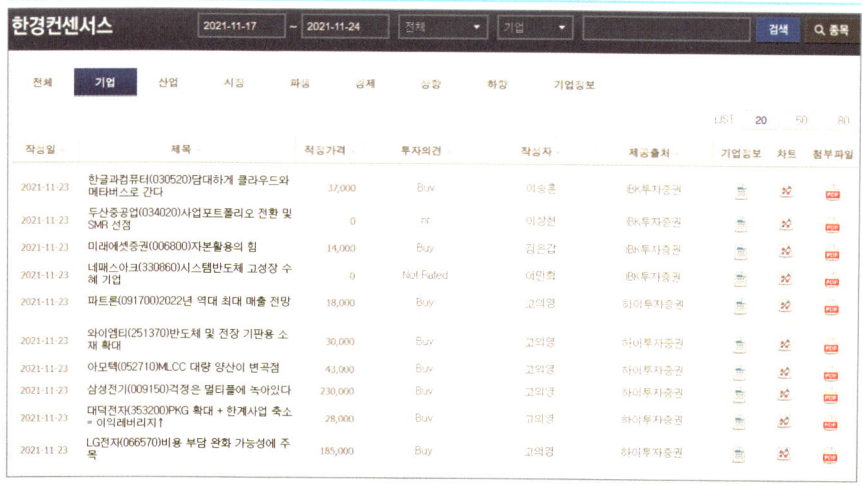

PART 5 실전, 주식 초보자도 쉽게 할 수 있는 종목 선정법

각 증권사의 주요 분석 리포트가 업로드된다.

홈페이지 주소: http://consensus.hankyung.com

[그림 5-4] 유료 사이트: 와이즈리포트

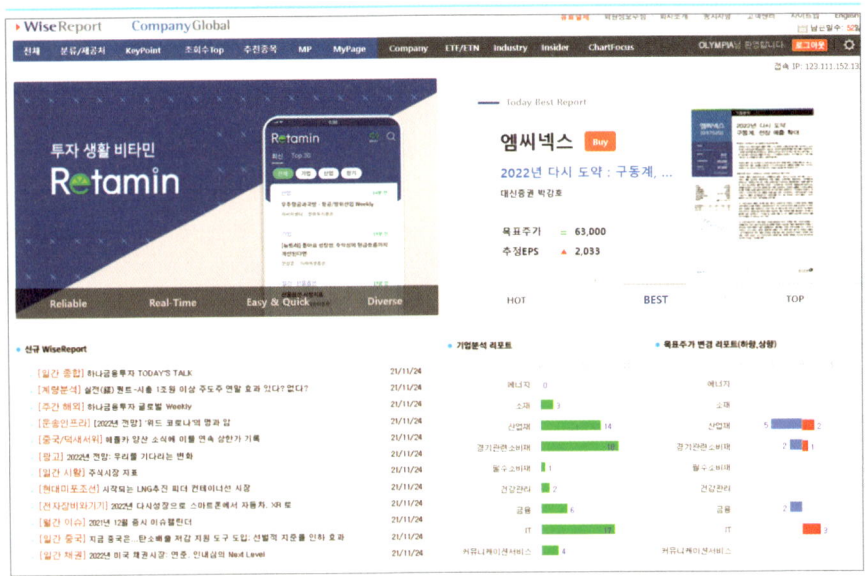

각 증권사의 모든 리포트가 매일 아침 실시간으로 업로드된다.

[그림 5-5] 와이즈리포트 기업분석 리포트

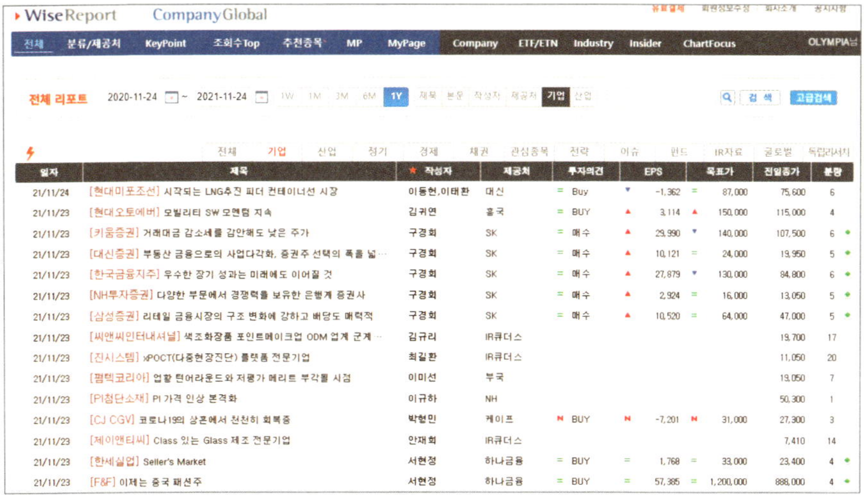

일자	제목	작성자	제공처	투자의견	EPS	목표가	전일종가	분량
21/11/24	[현대미포조선] 시작되는 LNG추진 피더 컨테이너선 시장	이동현,이태환	대신	= Buy	▼ -1,362	= 87,000	75,600	6
21/11/23	[현대오토에버] 모빌리티 SW 모멘텀 지속	김귀연	흥국	= BUY	▲ 3,114	▲ 150,000	115,000	4
21/11/23	[키움증권] 거래대금 감소세를 감안해도 낮은 주가	구경회	SK	= 매수	▲ 29,990	▼ 140,000	107,500	6
21/11/23	[대신증권] 부동산 금융으로의 사업다각화, 증권주 선택의 폭을 넓…	구경회	SK	= 매수	▲ 10,121	= 24,000	19,950	5
21/11/23	[한국금융지주] 우수한 장기 성과는 미래에도 이어질 것	구경회	SK	= 매수	▲ 27,879	▼ 130,000	84,800	6
21/11/23	[NH투자증권] 다양한 부문에서 경쟁력을 보유한 은행계 증권사	구경회	SK	= 매수	▲ 2,924	= 16,000	13,050	5
21/11/23	[삼성증권] 리테일 금융시장의 구조 변화에 강하고 배당도 매력적	구경회	SK	= 매수	▲ 10,520	= 64,000	47,000	5
21/11/23	[씨앤씨인터내셔널] 색조화장품 포인트메이크업 ODM 업계 군계 …	김규리	IR큐더스				19,700	17
21/11/23	[진시스템] xPOCT(다중현장진단) 플랫폼 전문기업	최길환	IR큐더스				11,050	20
21/11/23	[펨텍코리아] 업황 턴어라운드와 저평가 메리트 부각될 시점	이미선	부국				19,050	7
21/11/23	[PI첨단소재] PI 가격 인상 본격화	이규하	NH				50,300	1
21/11/23	[CJ CGV] 코로나19의 상흔에서 천천히 회복중	박형민	케이프	N BUY	N -7,201	N 31,000	27,300	3
21/11/23	[제이앤티씨] Class 있는 Glass 제조 전문기업	안재회	IR큐더스				7,410	14
21/11/23	[한세실업] Seller's Market	서현정	하나금융	= BUY	= 1,768	= 33,000	23,400	4
21/11/23	[F&F] 이제는 중국 패션주	서현정	하나금융	= BUY	= 57,385	= 1,200,000	888,000	4

홈페이지 주소: https://www.wisereport.co.kr/

신뢰할 만한 애널리스트 리포트란?

애널리스트 리포트를 분석하려면 우선 투자자의 기본 지식이 있어야 한다. 투자자의 지식이 없으면 전문 애널리스트가 분석한 자료를 어떻게 이해하고 분석할 수 있겠는가? 먼저 주식투자 실력을 키우려면 기업의 사업보고서에 있는 사업 내용을 꼼꼼히 읽고 숙지해야 한다. 기업의 사업 내용을 모르면 애널리스트가 분석한 내용을 이해할 수 없기 때문이다. 기업의 사업보고서는 금융감독원이나 증권거래소의 전자공시 시스템에 분기별로 무료로 제공되고 있어 누구나 다운로드받아 읽을 수 있으니 투자자라면 사업보고서의 사업 내용을 반드시 읽어보고 애널리스트의 분석 리포트를 보기 바란다.

[그림 5-6] 삼성전자 사업보고서

★ 기업분석 리포트가 자주 나와야 믿을 수 있다

애널리스트가 특정 기업의 커버리지를 개시하면 수시로 리포트를 발간해야 한다. 특히 기업 실적이 발표되기 전에는 예측 리포트, 발표된 후에는 분석 리포트, 분기별로 꾸준히 해당 기업에 대한 기업탐방이나 주식담당자와의 미팅을 통해 기업 실적을 추적하고 기업의 신제품 개발 현황 등을 수시로 업데이트해야 한다. 예를 들어 효성티앤씨는 매달 증권사의 리포트가 업데이트되면서 목표 주가도 계속 상향되고 주가 상승도 크게 나왔던 종목이다.

[그림 5-7] 효성티앤씨 리포트

전체 | 기업 | 산업 | 정기 | 경제 | 채권 | 관심종목 | 전략 | 이슈 | 펀드 | IR자료 | 글로벌 | 독립리서치

일자	제목	★ 작성자	제공처	투자의견	EPS	목표가	전일종가	분량
21/11/17	[효성티앤씨] 영업이익 1.5조원 Vs. 시가총액 2.4조원	이동욱,권준수	키움	BUY	203,504	1,000,000	541,000	4
21/11/01	[효성티앤씨] 최악의 상황을 가정해, 어닝을 추정하고 밸류에이션 …	윤재성,하재선	하나금융	BUY		900,000	541,000	5
21/11/01	[효성티앤씨] 사상 최대 실적에도 부진한 주가	이진명,최규헌	신한	매수	189,801	1,100,000	541,000	8
21/11/01	[효성티앤씨] 분기 최대 영업이익, 재차 경신	이동욱,권준수	키움	BUY	193,406	1,000,000	541,000	4
21/11/01	[효성티앤씨] 3분기에도 호실적	이안나	이베스트	Buy	230,608	743,000	541,000	4
21/11/01	[효성티앤씨] Another great quarter	이안나	이베스트	Buy	230,608	743,000	541,000	4
21/11/01	[효성티앤씨] Record high earnings but lackluster share price	이진명,최규헌	신한	매수	189,801	1,100,000	541,000	7
21/10/18	[효성티앤씨] 3Q21 영업이익 4,230억원(+9%QoQ)으로 컨센서스 부…	이진명,최규헌	신한	매수	184,163	1,100,000	541,000	2
21/10/07	[효성티앤씨] 2022년 더욱 공고해질 글로벌 스판덱스 1위의 입지	★전유진	하이	Buy	187,860	1,150,000	541,000	6
21/09/15	[효성티앤씨] 3Q21 Preview: 컨센서스 상회할 전망	★백영찬	KB	BUY	172,795	1,160,000	541,000	6
21/09/15	[효성티앤씨] 올해 4분기, NF3 증설 효과 발생	이동욱,권준수	키움	BUY	194,793	1,132,000	541,000	4
21/09/13	[효성티앤씨] 스판덱스: 높은 탄성 그리고 높은 관성	김장열	상상인	단기주…	188,111		541,000	4
21/09/10	[효성티앤씨] 충분히 쉬었다	이진명	신한	매수	189,224	1,200,000	541,000	8
21/09/10	[효성티앤씨] An overextended pullback	이진명	신한	매수	189,224	1,200,000	541,000	7
21/08/31	[효성티앤씨] 세계 1위 스판덱스 업체	이동욱,권준수	키움	BUY	189,108	1,132,000	541,000	3
21/08/09	[효성티앤씨] 스판덱스, 수급 타이트 현상 심화	이동욱,권준수	키움	BUY	186,774	1,310,000	541,000	4
21/08/02	[효성티앤씨] 수요가 늘면 Cycle은 길어진다	전우제	한화	Buy	179,057	1,100,000	541,000	6
21/08/02	[효성티앤씨] 2분기도 어닝 서프라이즈	이안나	이베스트	Buy	232,919	1,036,000	541,000	5
21/08/02	[효성티앤씨] 실적으로 증명된 글로벌 1위 업체의 위상	이진명	신한	매수	187,352	1,300,000	541,000	8
21/08/02	[효성티앤씨] 2Q21 Review: 알고는 있었지만,더 좋았다	★전유진	하이	Buy	190,864	1,150,000	541,000	7
21/08/02	[효성티앤씨] 구조적 수요 확대가 이끈 사상 최대 실적	이지연	신영	매수	181,853	1,370,000	541,000	5
21/08/02	[효성티앤씨] 사상 최대 실적 경신, 다음 분기엔 또 신기록	한상원	대신	Buy	188,554	1,200,000	541,000	7
21/08/02	[효성티앤씨] 경쟁사 대비 Valuation 할증을 받아야 하는 이유	윤재성,하재선	하나금융	BUY	196,318	1,400,000	541,000	5
21/08/02	[효성티앤씨] Earnings surprise continues into 2Q21	이안나	이베스트	Buy	232,919	1,036,000	541,000	5
21/08/02	[효성티앤씨] Strong results confirm strengths as global leader	이진명	신한	매수	187,352	1,300,000	541,000	7
21/07/30	[효성티앤씨] 2Q21 Review: 과소 평가된 스판덱스 이익 창출력	★백영찬	KB				541,000	2
21/07/09	[효성티앤씨] 스판덱스 구조적 수요 변화로 실적 질주	이지연	신영	매수	169,629	1,200,000	541,000	4
21/07/07	[효성티앤씨] 3분기까지 이익성장 지속될 전망	★백영찬	KB	BUY	145,159	1,090,000	541,000	6
21/07/06	[효성티앤씨] 이미 너무 좋은데 원료 가격마저 약세	한상원	대신	Buy	166,602	1,150,000	541,000	3

★ 산업에 대한 분석과 이해가 있어야 한다

전기차 산업에서 2차전지 배터리 분야는 고성장 산업에 속하므로 미래의 성장성과 실적을 정확히 예측하기가 쉽지 않다. 전기차 시장의 성장과 기업의 투자 계획이 선행적으로 이루어져야 경쟁에서 이기고 시장을 선점할 수 있기 때문이다. 고성장 산업에서의 분석 리포트는 다양한 의견이 있으므로 여러 증권사의 리포트를 보면서 종합적으로 판단해야 한다. 에코프로비엠의 경우, 각 증권사의 2차전지 산업분석 리포트와 기업분석 리포트가 수시로 발간되었고 목표 주가도 상향되면서 주가도 크게 상승했다.

[그림 5-8] 에코프로비엠 리포트

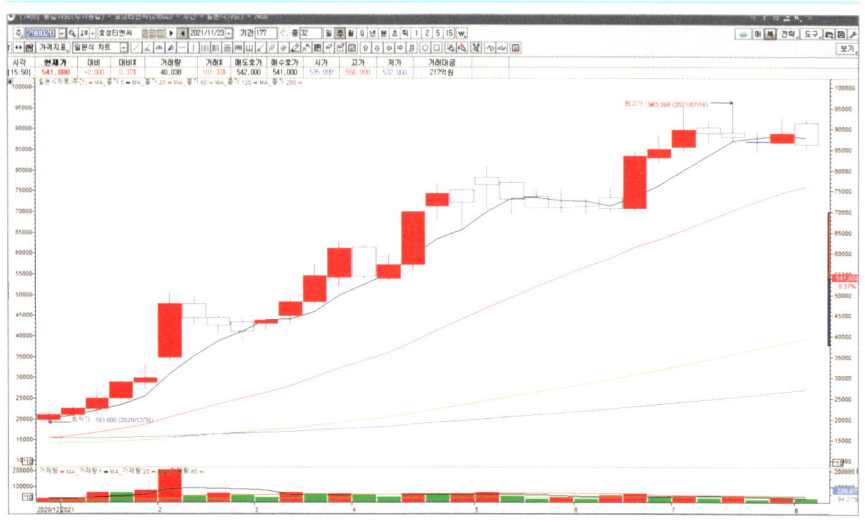

[그림 5-9] 효성티앤씨 차트

주식투자, 거인의 어깨에 올라타라

[그림 5-10] 에코프로비엠 차트

애널리스트 리포트로 투자 유망 종목 선정하기

★ 산업 분석 리포트에서 유망 종목이 나온다

대부분의 개인투자자는 관심 있는 기업분석 리포트만 읽어보고 투자 여부를 결정할 것이다. 그러나 기업은 어느 산업군의 일부이고 그 산업이 성장하는 산업인지에 따라 기업의 멀티플(PER)을 달리 평가받게 된다. 특히 고성장하는 산업군은 고평가를 받고 저성장하는 산업군은 저평가를 받는 편이다. 그래서 그 기업이 속한 산업의 평균 PER를 알아야 하고 해당 기업의 PER를 감안해 투자해야 한다. 그래서 먼저 산업분석 리포트를 읽어보고 그 산업 리포트 속에서 유망 종목으로 추천하는 톱 픽 종목을 유심히 살펴야 한다. 산업 리포트는 반도체, 자동차, 2차전지, 전기·전자, 화학, 철강, 기계, 조선, 해운, 유통, 제약·바이오, 섬유·의복, 식품 등 다양한 업종이 있으니 관심 업종 리포트부터 공부해보자.

[그림 5-11]의 2차전지 산업 리포트에서 2021년 하반기 2차전지 산업 전망에서 미국 및 유럽 진출과 수주 공시가 주가 상승의 트리거로 작용할 것으로 분석했고 관련주로 배터리 셀 업체로는 삼성SDI, 배터리 소재업체로는 포스코케미칼, 에코프로비엠, 엘앤에프를 유망 종목으로 제시했다. 그 후 2021년 하반기 2차전지 배터리 업체의 주가 상승이 매우 크게 나왔다. 산업 리포트와 해당 종목 리포트를 공부하고 투자한 투자자는 큰 수익을 올릴 수 있었다.

* PER(Price Earning Ratio, 주가수익비율): 주가가 주당 수익의 몇 배인지를 나타내는 지표

[그림 5-11] 2차전지 리포트

[2차전지]
두렵지 않은 변동성 구간, 반등을 준비할 시기

- 변동성 구간 : 섹터로테이션에 따른 성장주 부담, 국내 2차전지 산업 우려
- 펀더멘털 이상무! 두렵지 않은 변동성 구간: 전기차 판매량 증가, 실적 성장, ESG펀드
- 변동성 구간은 반등을 준비할 시기: 미국을 비롯한 해외 진출, 수주공시가 상승 트리거

변동성 구간: 섹터로테이션에 따른 성장주 부담, 국내 2차전지 산업 우려

2차전지 섹터의 주가 변동성 구간. ①포스트 코로나에 대비하는 섹터 로테이션으로 성장주 부담: 금리 상승과 테이퍼링 우려에 따른 성장주로 대변되는 2차전지 섹터에 대한 부담과 팬데믹 종식과 관련된 팩트주들의 실적 성장 기대감이 반영. ②국내 2차전지 산업 우려감 확대 : 완성차 OEM들의 배터리 내재화, 중국업체 대비 성과부진이 주요 원인. 중국 전기차 굴기를 통한 높은 성장성과 테슬라 및 유럽 업체와의 협업구도 강화, LFP 뿐만 아닌 삼원계 기반의 배터리 양산이 그 원인으로 작용하면서 국내 업체들에 대한 불안이 가중되고 있음.

펀더멘털 이상 없음! 두렵지 않은 변동성 구간: 전기차 판매량 증가, 실적 성장, ESG펀드

국내 2차전지 산업 펀더멘털 이상 없음! ①글로벌 순수 전기차 판매량은 2021년 4월 누적 308만대로 YoY +121.7%의 높은 성장 중이며 성수기인 하반기 가파른 판매량 호조가 이어질 것. ②2차전지 커버리지 기업 21F 평균 매출액 성장률은 69%, 영업이익 성장률은 359%로 강한 실적 성장 전망. ③ESG펀드의 성장과 함께 2차전지 섹터에 대한 수급요인이 강화 될 것으로 국내 ESG펀드 설정액은 '17년 이후 CAGR 54%의 성장을 보여 향후 2025년 약 11조원 이상으로 성장할 것으로 향후 IT비중 및 2차전지 비중 증가로 긍정적인 수급을 기대.

반등을 준비할 시기 : 미국 및 유럽 진출, 수주공시가 상승 트리거

최근 변동성 구간은 반등을 대비해야 할 시기라고 판단하며 국내 업체들의 미국을 비롯한 해외 진출, 수주 공시가 상승 트리거가 될 수 있을 것으로 판단. '19~20년 유럽의 성장을 통한 가파른 랠리가 미국시장에서 재현될 것을 기대. 미국 시장은 중국 배터리 업체의 진입이 어려우며, 바이든 정부의 제조업 강화 의지와 전기차 인프라 투자로 인한 혜택으로 국내 배터리 업체의 미국 진출을 통한 25F 수익은 LGES 1.1조원, SKI 8천억원 가량의 영업이익을 벌어들일 것으로 추정. **국내 2차전지 업체들의 실적 성장을 기반으로 기업별 하반기 풍부한 모멘텀을 보유. 삼성SDI(006400)** 미국 진출의 필요성을 절실히 느끼고 있으며 다각도로 사업을 검토 중으로 관련 스케쥴 발표를 기대. **포스코케미칼(003670)** 자금력을 기반으로 미국 진출 기대, **에코프로비엠(247540)** SKI향 가파른 수주와 해외진출을 전망, **엘앤에프(278280)** 유럽 진출 및 JV설립을 통한 완성차 소재 직납 등.

PART 5 실전, 주식 초보자도 쉽게 할 수 있는 종목 선정법

[그림 5-12] 에코프로비엠 주가 차트

[그림 5-13] 엘앤에프 주가 차트

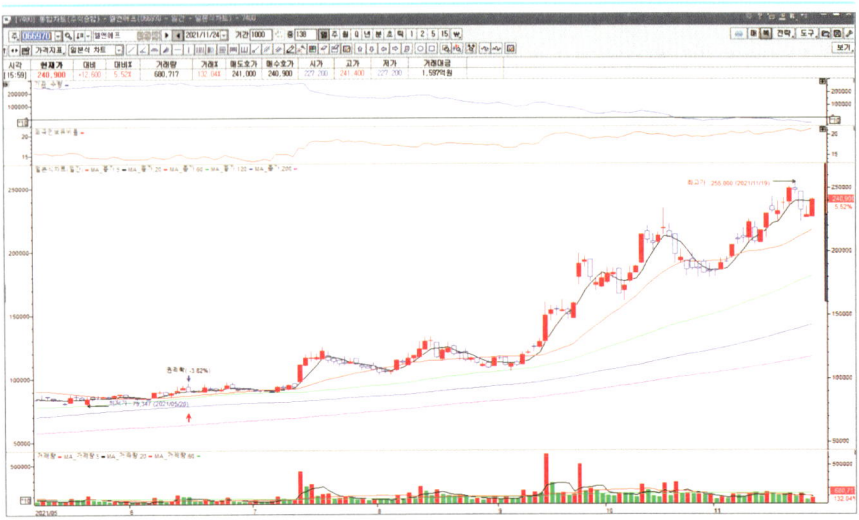

★ 애널리스트의 실적 상향 리포트가 자주 나오는 기업이 좋은 기업이다

애널리스트가 리포트를 발간하기 전에 기업탐방을 하거나 주식담당자와의 전화 통화를 통해 기업 실적과 영업 현황을 수시로 체크한다. 그래서 기업의 실적 전망이 올라가고 기업의 목표 주가도 지속적으로 상향하는 리포트를 발간하는 종목은 주가도 급등했다.

[그림 5-14] 효성첨단소재 목표가 상향 리포트

날짜	종목	제목	애널리스트	증권사	투자의견	EPS	목표주가	현재가	변동
21/04/26	[효성첨단소재]	경쟁사와 차이가 나던 아라미드 수익성 축소 전망	이동욱,권준수	키움	= BUY	▲ 43,862	▲ 620,000	655,000	5
21/04/02	[효성첨단소재]	1분기 영업이익, 작년 연간 수치의 2.2배 전망	이동욱,권준수	키움	= BUY	▲ 42,612	▲ 540,000	655,000	4
21/03/30	[효성첨단소재]	신소재 미래 가치는 주가에 충분히 반영	★백영찬	KB	= HOLD	▲ 30,849	▲ 362,000	655,000	7
21/03/24	[효성첨단소재]	신소재 미래 가치는 주가에 충분히 반영	★백영찬	KB	= HOLD	▲ 30,849	▲ 362,000	655,000	7
21/03/24	[효성첨단소재]	심상치 않은 중국 타이어수요	이지연	신영	= 매수	▲ 35,737	▲ 420,000	655,000	6
21/03/24	[효성첨단소재]	여전히 저평가 되어 있다	이안나	이베스트	= Buy	▲ 32,366	▲ 553,000	655,000	4
21/03/15	[효성첨단소재]	올해 1분기, 재차 어닝 서프라이즈 전망	이동욱,권준수	키움	= BUY	▲ 37,478	▲ 468,000	655,000	4
21/03/04	[효성첨단소재]	세계 1위 업체의 본격적 실적 턴어라운드 움직임	이동욱,권준수	키움	= BUY	▲ 37,835	▲ 430,000	655,000	4
21/02/23	[효성첨단소재]	탄소섬유에 대한 재평가가 시급하다	이동욱,권준수	키움	= BUY	▲ 30,134	▲ 430,000	655,000	22 ★
21/02/08	[효성첨단소재]	(NDR 후기)생각보다 더 좋은 탄소섬유, 아라미드	이안나	이베스트	= Buy		= 375,000	655,000	2
21/02/04	[효성첨단소재]	길게 보면 여전히 매력적	한상원	대신	= Buy	▲ 19,331	▲ 340,000	655,000	7
21/02/02	[효성첨단소재]	2021년, Upside 가장 높을 수소경제 기업	이안나	이베스트				655,000	3 ★
21/02/01	[효성첨단소재]	기대 이상의 회복력	이지연	신영	= 매수	▲ 24,442	▲ 280,000	655,000	4
21/02/01	[효성첨단소재]	수소차/전기차 관련 부품 판매 확대 전망	이동욱,권준수	키움	= BUY		▲ 350,000	655,000	4
21/02/01	[효성첨단소재]	2021년, Upside 가장 높을 수소경제 기업	이안나	이베스트	= Buy		= 375,000	655,000	4
21/01/28	[효성첨단소재]	4분기 영업이익, 전 분기 대비 191.4% 증가 전망	이동욱,권준수	키움	= BUY	▲ -1,808	▲ 300,000	655,000	4
21/01/22	[효성첨단소재]	2021년, 가장 기대되는 수소경제 관련 기업	이안나	이베스트	= Buy	▲ -11,607	▲ 247,000	655,000	3 ★
21/01/13	[효성첨단소재]	4분기 영업이익, 전 분기 대비 98.9% 증가 전망	이동욱,권준수	키움	= BUY	▲ -4,621	▲ 200,000	655,000	4

[그림 5-15] 효성티앤씨 목표가 상향 리포트

날짜	종목	제목	애널리스트	증권사	투자의견	EPS	목표주가	현재가	변동
21/05/03	[효성티앤씨]	목표시총 5조원, 우리는 지금 모두 텐배거를 입고	윤재성,하재선	하나금융	= BUY	▲ 141,762	▲ 1,200,000	531,000	5
21/04/16	[효성티앤씨]	목표주가 백만원	이동욱,권준수	키움	= BUY	▲ 126,165	▲ 1,000,000	531,000	4
21/04/08	[효성티앤씨]	아직도 저평가 상태	윤재성,하재선	하나금융	= BUY	▲ 90,464	▲ 800,000	531,000	3 ★
21/04/08	[효성티앤씨]	알 수 모르는 스판덱스 업황	이지연	신영	= 매수	▲ 83,209	▲ 790,000	531,000	6
21/04/08	[효성티앤씨]	1분기 어닝 서프라이즈 기대	이안나	이베스트	= Buy	▲ 106,524	▲ 720,000	531,000	4
21/04/07	[효성티앤씨]	2분기는 더 좋을 것이다	이동욱,권준수	키움	= BUY	▲ 108,788	▲ 900,000	531,000	4
21/03/25	[효성티앤씨]	1분기 영업이익, 작년 연간 수치의 70% 상회 전망	이동욱,권준수	키움	= BUY	▲ 102,318	▲ 900,000	531,000	4
21/03/11	[효성티앤씨]	스판덱스 가격 68% 폭등	한상원	대신	= Buy	▲ 105,599	▲ 700,000	531,000	7
21/03/11	[효성티앤씨]	Spandex price surg 68%	한상원	대신	= Buy	106,002	▲ 700,000	531,000	4
21/03/09	[효성티앤씨]	Shandong Ruyi, 작년 상반기/3분기 F/S 미제출	이동욱,권준수	키움	= BUY	▲ 62,297	▲ 600,000	531,000	4
21/02/24	[효성티앤씨]	구조적인 스판덱스 가격 강세 국면	★백영찬	KB	= BUY	▲ 63,937	▲ 518,000	531,000	7
21/02/01	[효성티앤씨]	올해 1분기 실적은 더 좋을 것이다	이동욱,권준수	키움	= BUY	▲ 57,745	▲ 600,000	531,000	4
21/02/01	[효성티앤씨]	본업 호황에 친환경 섬유까지	이안나	이베스트	= Buy	N 65,855	▲ 475,000	531,000	5
21/02/01	[효성티앤씨]	분사 이후, 최고 실적 달성	이지연	신영	= 매수	▲ 67,473	▲ 400,000	531,000	5

PART 5 실전, 주식 초보자도 쉽게 할 수 있는 종목 선정법

[그림 5-16] 효성첨단소재 주가 차트

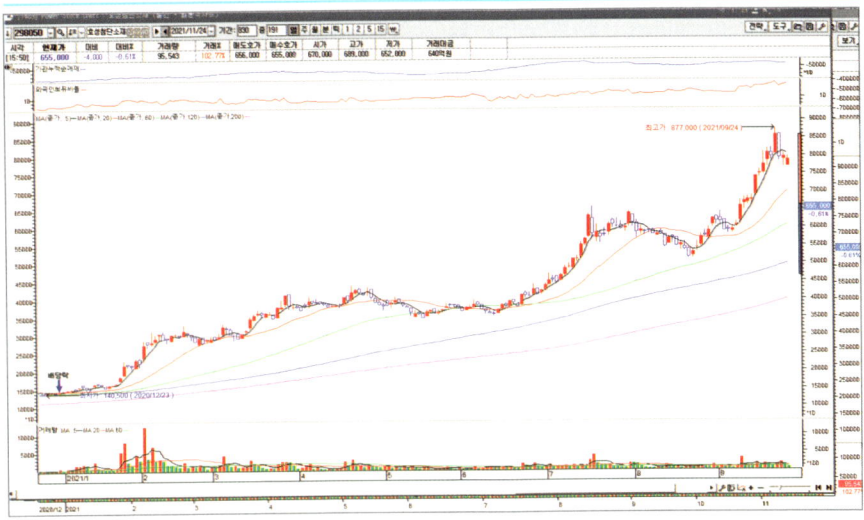

[그림 5-17] 효성티앤씨 주가 차트

★ 신기술을 개발한 기업 리포트가 투자자들에게 인기가 높다

최근 급부상 중인 신기술인 메타버스·NFT 산업과 관련 사업을 시작한 기업의 리포트가 발간되면서 매우 큰 주가 상승이 나오고 있다. 필자가 회원들에게 추천한 유망 리포트와 주가 상승 차트를 살펴보자.

[그림 5-18] 엔피 메타버스 기업 리포트

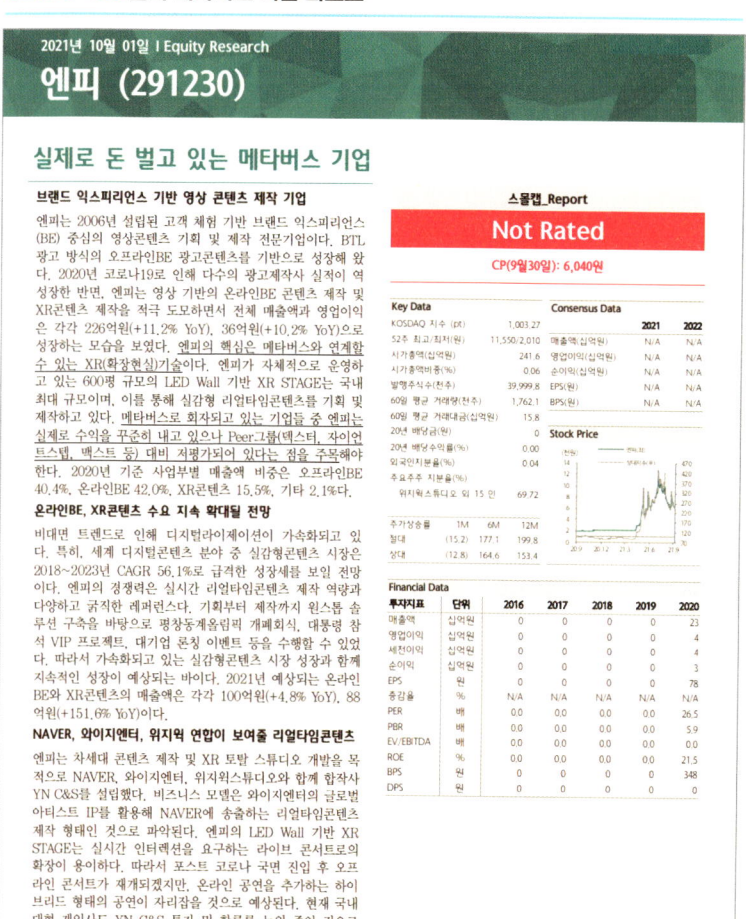

PART 5 실전, 주식 초보자도 쉽게 할 수 있는 종목 선정법

엔피는 실제로 돈을 벌고 있는 메타버스 기업이라는 리포트가 발간된 후 주가가 220% 이상 상승했다.

[그림 5-19] 갤럭시아머니트리 NFT 기업 리포트

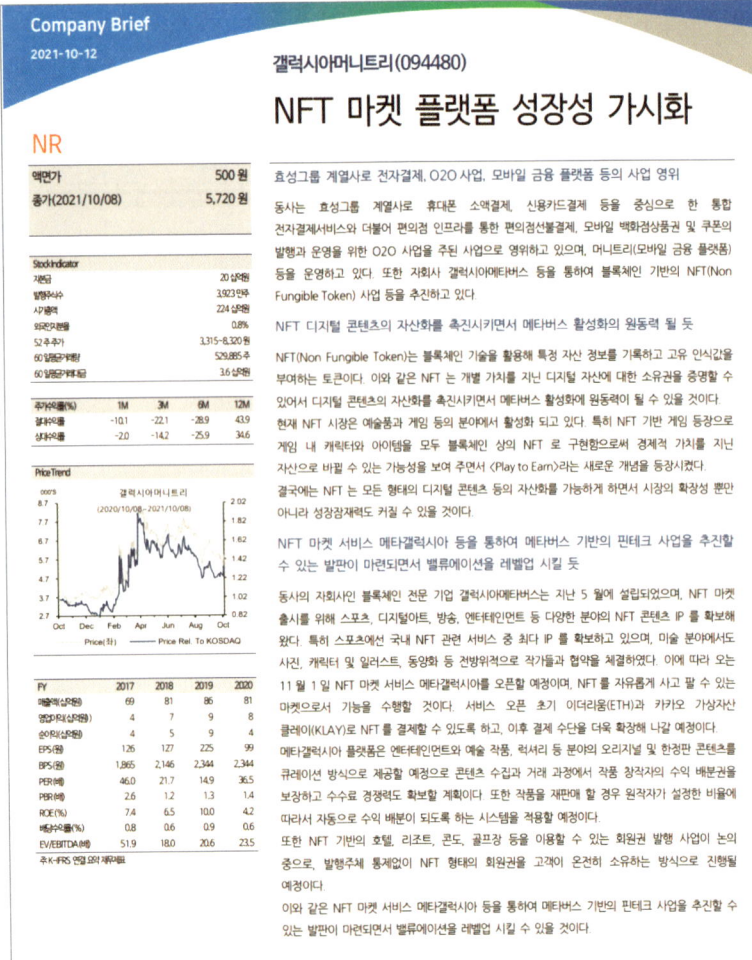

갤럭시아머니트리는 NFT 마켓 플랫폼 성장이 가시화된다는 리포트가 발간된 후 주가가 127% 상승했다.

[그림 5-20] 엔피 주가 차트

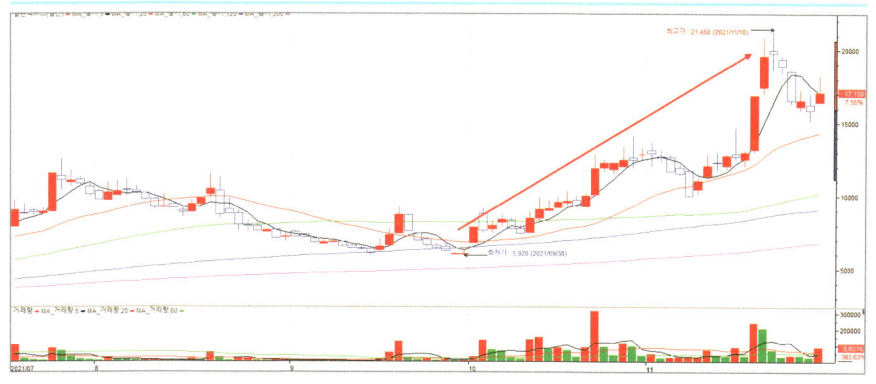

[그림 5-21] 갤럭시아머니트리 주가 차트

제2장
뉴스·공시 정보를 이용해 투자 종목 선정하기

    금융감독원 전자공시 시스템(DART)은 상장법인 등이 공시 서류를 인터넷으로 제출하고 이용자는 언제든지 인터넷을 통해 기업의 공시 서류를 조회할 수 있는 종합적인 기업공시 시스템이다. 여기서 '공시'란 기업이 법률, 사실 관계, 회계장부(재무제표) 등을 해당 정보가 필요한 외부 사용자(투자자, 주주 등)에게 공개하고 알리는 것을 말한다. 모든 상장기업은 전자공시 대상이다. 기업의 중요 사항, 회사 현황, 재무정보, 지분 공시 등은 모두 전자공시 시스템에 있으니 기업을 분석·공부하려는 투자자는 전자공시 시스템을 자주 보아야 한다.

[그림 5-22] 전자공시 시스템(DART)

실적 공시, 주요 사항 보고, 시설투자 공시 등을 꼭 챙겨보아야 한다. 주가와 밀접한 관련이 있는 공시 사항들이기 때문이다. '정기공시' 사항은 사업보고서, 반기보고서, 분기보고서 등 기업의 사업 현황에 대한 실적을 자세히 확인할 수 있는 보고서다. '주요 사항 보고서'는 법인의 경영, 재산 등에 중대한 영향을 미치는 사항이 발생한 경우, 그 사실을 공시하도록 함으로써 분기마다 제출되는 정기보고서를 보완하는 공시제도. 주가에 큰 영향을 미치는 회사의 합병, 분할, 주식교환 등은 주의 깊이 살펴보고 투자에 이용해야 한다.

'지분 공시'는 주식 등을 5% 이상 보유하거나 이후 보유 비율이 1% 이상 변동되거나 보유 목적이나 중요 사항이 변경된 경우에는 5영업일 안에 보유 상황 및 변동, 변경 내용을 보고해야 한다. 또한, 임원과 주요 주주는 임원, 주요 주주가 된 날로부터 5일 안에 자신이 소유한 증권의 소유 상황을 보고하고 변동이 있는 경우에도 5일 안에 변동 내용을 보고해야 한다.

[그림 5-23] 삼성전자 정기공시 보고서(실적 보고서)

[그림 5-24] 삼성전자 지분공시 보고서

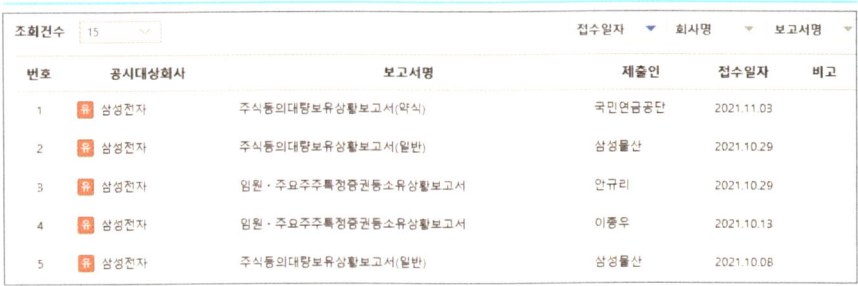

[그림 5-25] 심텍 3분기 실적 공시

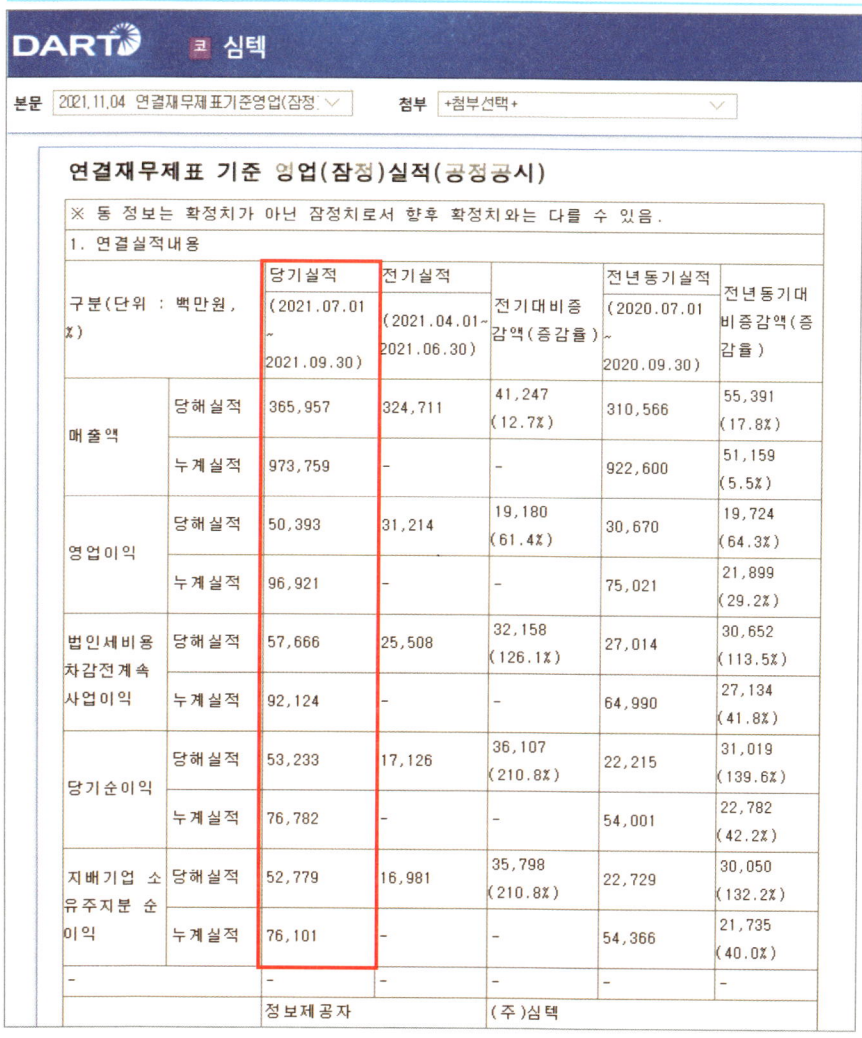

　　심텍의 3분기 실적은 전분기 대비 급증했고 특히 순이익은 무려 210% 나 급증했다. 심텍의 3분기 실적이 대폭 증가함으로써 주가도 급등했다.

[그림 5-26] 심텍 주가 차트

[그림 5-27] 에스티팜 시설투자 공시

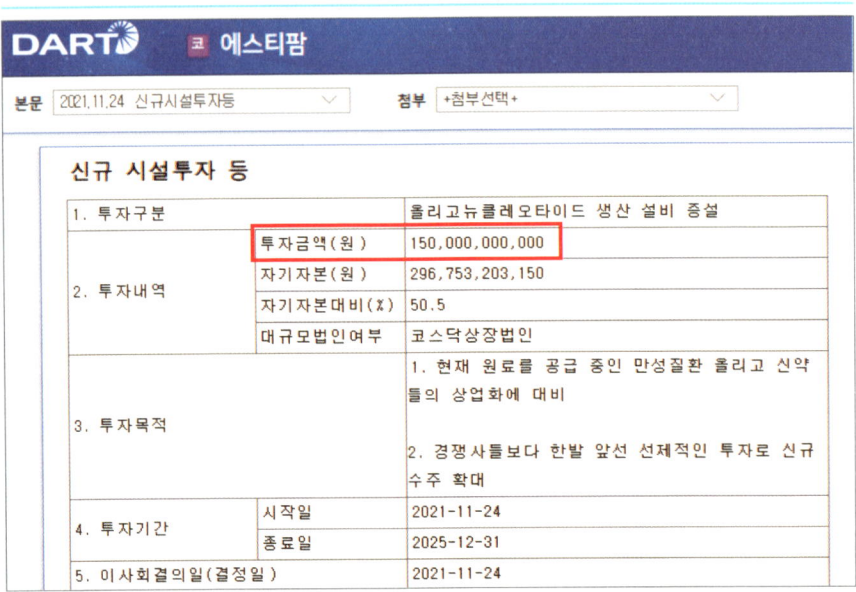

에스티팜은 생산설비 1,500억 원 증설 공시 후 주가도 급등했다.

[그림 5-28] 에스티팜 주가 차트

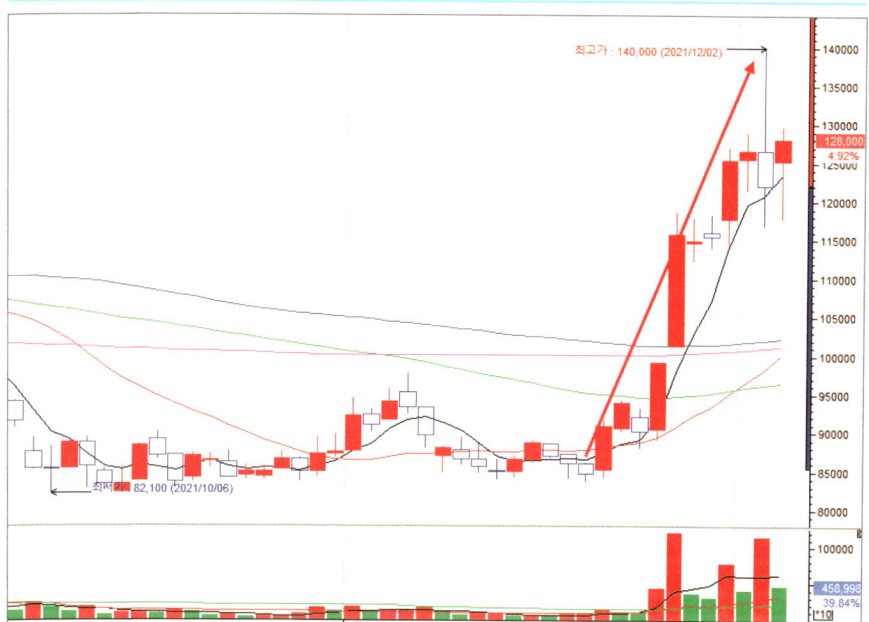

주가 상승의 촉매제, 무상증자 공시

무상증자는 자본잉여금이나 이익잉여금에 있던 계정을 자본금으로 이동시키는 것이다. 무상증자를 1대1로 할 경우, 주식 수는 두 배 증가하지만 가격은 절반으로 줄어드는 착시효과로 인해 주가 상승효과를 나타낸다. 특히 1대2 무상증자나 1대3 무상증자 시 주가 상승률이 높으니 공시를 잘 체크해 투자해보자(한국석유는 무상증자와 액면분할 공시 후 주가 상승률이 무려 500%나 되었다).

자사주 취득 공시 및 자사주 소각 공시

기업이 자기 회사의 주주가치를 향상시키기 위해 자사주 취득을 공시하거나 이미 보유 중인 자사주의 소각을 공시할 경우, 주가가 상승하는 효과를 나타낸다. 특히 자사주 매입 규모가 크거나 자사주 규모가 크다면 주당 가치가 높아지는 효과를 줄 수 있으니 자사주 취득 공시나 소각 공시도 잘 이용해보자.

기업 인수 · 합병 공시

기업 인수 · 합병은 주식시장에서 가장 강력한 주가 상승 재료다. 기업의 잉여자금을 이용해 성장성 있는 기업을 인수하거나 부실기업이 자본력이 큰 기업에 인수당할 때 주가 상승이 크게 나오니 인수 · 합병 공시를 세밀히 체크하자. 최근 위메이드맥스와 위메이드넥스트와의 주식교환 공시로 위메이드맥스 주가는 상한가를 달성했다.

★ 주가를 움직이는 주요 재료 중 하나는 뉴스다

경제 기사에서 집중적으로 체크해야 할 카테고리

- 금리와 환율: 주식시장은 금리와 환율 동향에 민감하다. 저금리 시대에는 풍부한 유동성으로 인한 주식시장의 상승세가 나타나고 금리를 인상할 경우, 주식시장에는 유동성 축소로 인해 주가 조정이 나올 수 있으니 참고하기 바란다. 또한, 원화 강세가 이어질 때 외국인 투자 자금이 유입되는 경향이 있다.

- 국내 경제지표와 수출지표: 매월 정부기관에서 발표하는 경제지표와 수출지표도 기업 실적과 밀접한 관련이 있으니 경제지표와 수출지표 뉴스도 꼼꼼히 살펴보자.

- 미국 경제지표와 금리: 국내 주식시장은 미국 경제지표 발표와 금리 상황에 매우 민감하니 미국 경제지표 기사도 자세히 살펴보아야 한다.

- 세상의 변화와 인기 상품이나 서비스: 신기술 발달로 세상을 변화시키는 신제품이나 새로운 서비스 개발 뉴스는 주식시장의 매우 중요한 뉴스다.
  최근의 인공지능, 전기·자율주행차 시대의 변화와 메타버스 세상으로의 변화가 주식시장 관련 기업의 주가를 견인하고 있다.

- 건강·질병 뉴스: 2020년 코로나바이러스가 창궐하면서 전 세계 주식시장에서는 폭락사태가 일어났고 그로 인한 새로운 백신 개발기업과 진단기기 개발기업, 언택트 기업의 주가 상승이 크게 나왔듯이 건강 관련 기사도 살펴보아야 한다.

- 기업 투자 소식: 주식시장에 큰 영향을 미치는 기업인 삼성전자, 애플, 테슬라 등과 관련된 뉴스가 나오면 주의 깊이 살펴 연관된 기업에 투자해야 한다. 삼성전자 뉴스에 따른 관련 종목의 주가 움직임을 살펴보자.

삼성전자는 미국 내 파운더리 반도체 생산라인 건설부지로 텍사스주 테일러시를 최종 선정했다. 투자 규모는 총 20조 원으로 대규모 투자로 인한 반도체 관련 기업의 주가 상승이 나왔다.

[그림 5-29] 삼성전자 투자 뉴스

KBS PiCK 1일 전 네이버뉴스
삼성전자, 미 텍사스 **테일러**에 **20조** 원 규모 반도체 공장 건설
텍사스주 **테일러** 시로 결정했다고 공식 발표했습니다. 건설과 설비 등에 모두 20조 원이 투입됩니다. 정다원 기자가 보도합니다. [리포트] 김기남 삼성전자 부회...

삼성, 美테일러시에 20조원 규모 반도체 공... KBS PiCK 1일 전 네이버뉴스
삼성전자, 미 텍사스 테일러에 20조 원 규모 반도... KBS 1일 전 네이버뉴스

ZDNet Korea PiCK 1일 전 네이버뉴스
삼성전자, 미국 **테일러**에 파운드리 투자...**20조**원
삼성전자가 미국 텍사스주 테일러시에 20조원(170억 달러)을 투자해 반도체 위탁 생산(파운드리·Foundry) 라인을 짓기로 했다. 삼성전자는 23일(현지시간) 미국 텍...

삼성전자, 4거래일째 '상승'...美파운드... 이데일리 PiCK 1일 전 네이버뉴스
[증시이슈] 美 테일러에 '20조원' 투... 이코노미스트 PiCK 1일 전 네이버뉴스
[속보] 삼성전자, '20조' 제2파운드리 공장... 더팩트 PiCK 1일 전 네이버뉴스
20조 반도체 투자 '美 테일러'...이재용 "... 서울경제 PiCK 1일 전 네이버뉴스

[그림 5-30] 유진테크 주가 차트

주식투자, 거인의 어깨에 올라타라

삼성전자에 반도체 전 공정 반도체 장비를 납품하는 유진테크와 기타 반도체 관련 종목의 주가가 상승했다.

[그림 5-31] **애플카 뉴스**

아시아경제 PiCK 3일 전 네이버뉴스

애플카 최대 수혜는 LG전자·LG디스플레이·LG이노텍

애플카가 2025년 출시될 것으로 알려지면서 관련 주에 대한 관심이 커지고 있는 가운데 KB증권은 **애플카**의 최대 수혜주로 LG전자, LG디스플레이, LG이노텍을 꼽...

"**애플카** 최대 수혜주는 LG전자·LG디스플레이·... 서울경제 3일 전 네이버뉴스
KB證 "LG전자·디스플레이·이노텍, **애플카** 최대 수... 뉴스1 3일 전 네이버뉴스
車 업계 달군 '**애플카**'···"최대 수혜주는 LG" 투데이코리아 3일 전
[종합]**애플카** 출시일 당겨질까? 기대감에 **애플카** 관련주 주... 국제뉴스 3일 전

관련뉴스 7건 전체보기 >

[그림 5-32] **메타버스, 자율주행차 뉴스**

MTN 1일 전

[마켓줌인] **메타버스**+자율주행 'LG**이노텍**' 4차산업 최대수혜주?

Q. LG**이노텍**, **메타버스** 분야에서도 두각? Q. LG전자, LG**이노텍**에 TV 공장 매각 추진? Q. LG**이노텍**, 트루윈과 소송 진행 중... 왜? Q. LG**이노텍** 재무 및 실적 현황은?...

애플 업고 **메타버스** 테마 주도하는 LG**이노텍**... 한국경제 1일 전 네이버뉴스
외국인·기관이 찜한 LG**이노텍**...숨고르기 아니면 ... 뉴스1 1일 전 네이버뉴스
LG**이노텍**, 펀더멘털 잠재력 폭발...목표가 40만원 넘어... 데일리임팩트 1일 전

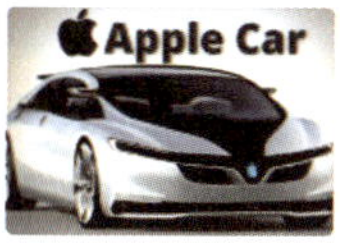

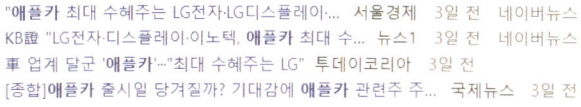

[그림 5-33] LG이노텍 주가 차트

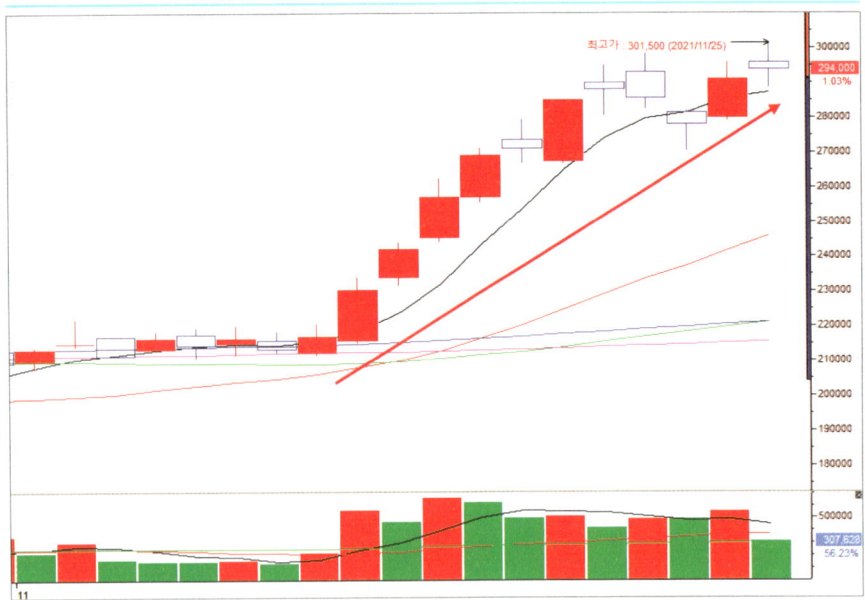

애플 납품업체인 LG이노텍이 최대 수혜주로 부각되면서 주가도 단기간에 상승했다.

[그림 5-34] 코로나 변종 바이러스 출현 뉴스

오미크론 '진원' 남아공...한주 새 하루 확진 4배로
코로나19 바이러스 새 변이종 오미크론의 진원으로 지목된 남아프리카공화국은 최근 확진자 수가 매우 가파르게 증가하고 있습니다. 27일(현지시간) 남아공 보건...

오미크론 '진원' 남아공...한주 새 하루 확진 4배로   KBS   39분 전   네이버뉴스
코로나 변이 '오미크론' 진원지 남아공, 한...   아시아경제   27분 전   네이버뉴스
신종 변이 오미크론 진원 남아공...한주 새 하루 확...   SBS   8분 전   네이버뉴스
'오미크론 진원' 남아공, 한주 새 하루 확진 4배로   YTN   8분 전   네이버뉴스

MBC PiCK   7시간 전   네이버뉴스
WHO "새 변이 이름 오미크론"..글로벌 증시·유가 폭락
[마리아 반 케르코브/WHO 코로나19 기술위원장] "'오미크론'이라는 이름의 새로운 변이바이러스는 우려스러운 특성들을 보이고 있습니다. WHO는 앞으로 몇 주동...

WHO '오미크론' 우려 변이 지정에 뉴욕 ...   JTBC PiCK   3시간 전   네이버뉴스

주식투자, 거인의 어깨에 올라타라

[그림 5-35] 씨젠 주가 차트

　　코로나 진단기기 업체인 씨젠과 기타 진단기기 업체, 코로나 수혜주의 주가가 상승했다.

제3장
시초가·종가 투자 종목 선정하기

'시초가 매수 종목'을 선정하는 것은 당일 시초가에 매수해야 바로 수익으로 연결될 수 있기 때문이다. 그러기 위해서는 전일 주가 상승 모멘텀이 발생한 종목 중에서 선정해야 한다. 주가 상승 모멘텀은 전일 장 종료 후 발표한 호재 공시 사항이나 호재 뉴스 사항이 있는 종목 중에서 선정해야 하는데 실적이 급증하거나 호재 리포트 발간, 새로운 이슈 발생, 대량 수급 유입 등이 있어야 한다. 각 사례별로 주가 상승이 나왔던 종목을 살펴보자.

첫 번째 호재 공시의 예를 들면 기업 실적 증가 공시다. 심텍의 3분기 실적이 대폭 증가했다는 공시가 발표된 후 주가는 급등했다.

[그림 5-36] 심텍 주가 차트

두 번째, 셀바스AI는 인기 메타버스 테마주에서 저평가되었다는 리포트가 발간된 후 주가가 급등했다.

[그림 5-37] 셀바스AI 메타버스 수혜주 리포트

[그림 5-38] 셀바스AI 주가 차트

세 번째, 코로나 확진자 급증으로 위중증 환자가 늘면서 인공호흡기 수요가 늘어난다는 뉴스로 인공호흡기 관련주인 멕아이씨에스의 주가가 급등했다.

[그림 5-39] 멕아이씨에스 주가 차트

2021년 12월 코스피200 지수 편입 종목에 카카오페이가 포함되면서 카카오페이의 인덱스 수급이 유입되면서 주가가 급등했다.

[그림 5-40] 카카오페이 주가 차트

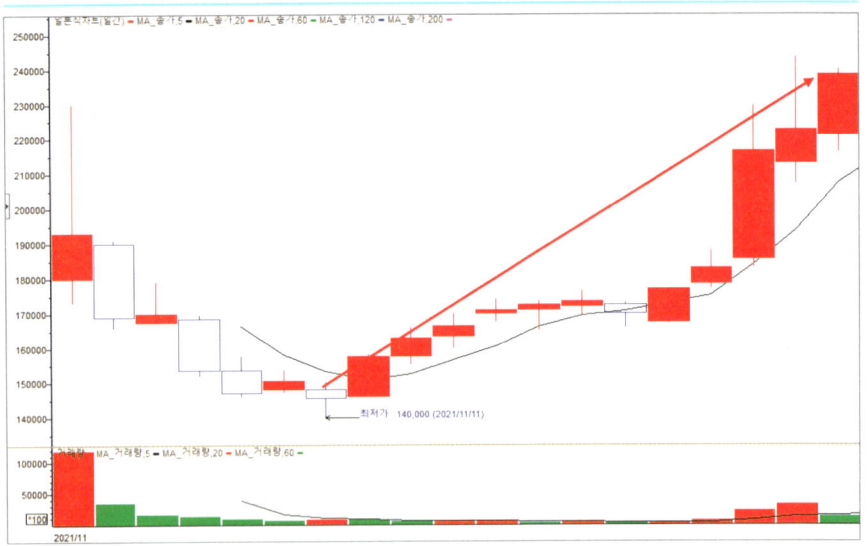

'종가 매수 종목'을 선정하는 방법은 외국인이나 기관투자자의 대량 수급이 유입된 종목 중에서 쉬어가는 눌림목 구간에서 종가에 매수하는 것이며 눌림목 이후 다시 외국인·기관투자자의 수급이 유입되면서 주가가 상승할 때 수익을 실현한다.

[그림 5-41] PI첨단소재 종가 매수 후 주가 차트

덱스터의 외국인 투자자와 기관투자자의 수급 유입이 지속되지만 수급이 약해지면서 일시적으로 음봉이 발생할 때 종가에 매수해 다시 수급이 유입되면서 주가 상승이 일어날 때 분할 매도해 수익을 실현한다.

[그림 5-42] 덱스터 종가 매수 후 주가 차트

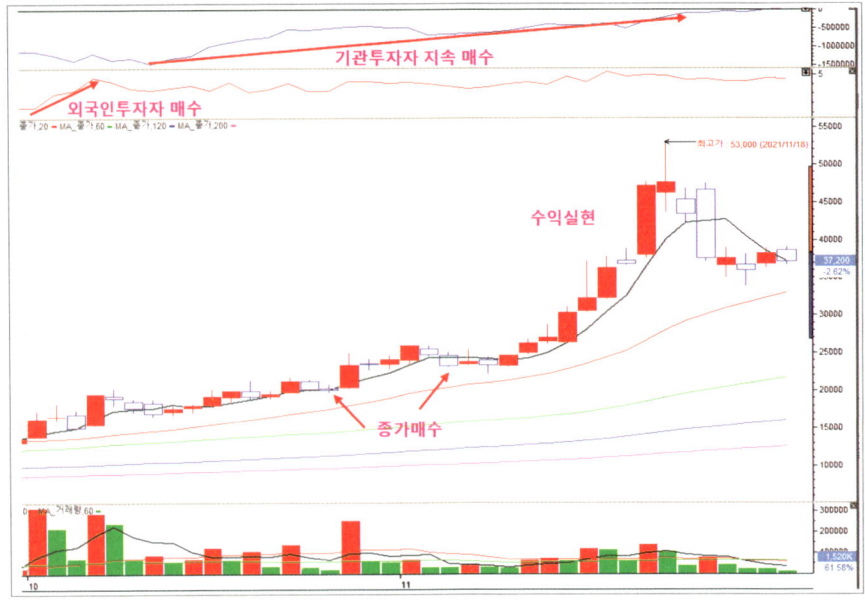

NEW의 기관투자자 수급 유입이 지속되지만 일시적으로 주가 차익매도세로 주가의 음봉이 발생할 때 20일 이동평균선 부근에서 종가에 매수해 기관투자자의 수급이 다시 유입될 때 분할 매도해 수익을 실현한다.

[그림 5-43] NEW 종가 매수 후 주가 차트

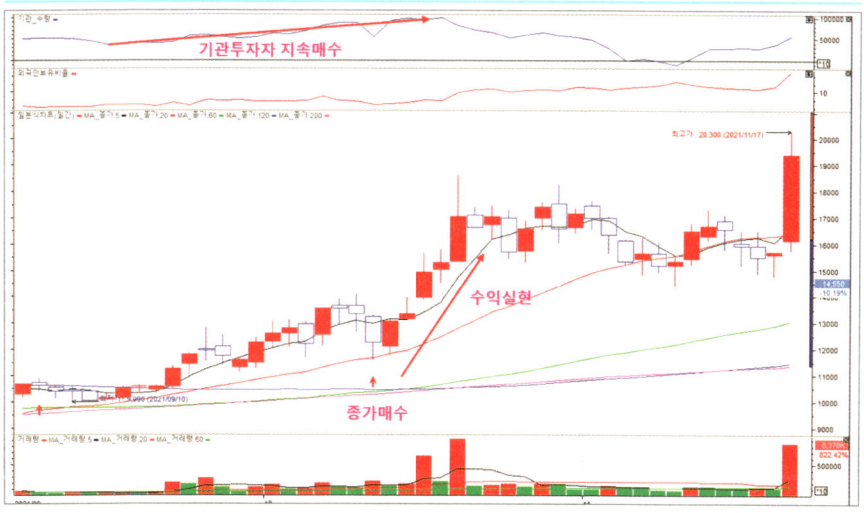

제4장
섹터별 순환매를 이용해 투자 종목 선정하기

주식시장에서의 순환매는 투자자의 매매가 특정 업종이나 종목군에 집중됨에 따라 시기별로 주가가 순환적으로 상승·하락하는 양상을 띤다. 주식시장에서 '순환매'가 나타나는 것은 시장의 투자 자금이 한정되어 있어 업종별, 섹터별로 돈의 이동이 나타나기 때문이다. 최근 지수가 조정을 받는 상태에서도 2차전지, 반도체, 게임, 메타버스·NFT, 바이오 섹터의 업종 순환매가 빠르게 진행되고 있다. 이렇게 순환매가 일어나는 시장에서는 세력이 호재가 나온 섹터와 종목을 찾아 빠르게 움직이므로 개인투자자도 그 시기에 외국인·기관투자자의 '투자 방향'을 집중 파악해 투자 종목을 선정하고 수익을 내야 한다.

코스피 시가총액 상위 종목의 시기별 주가 추이를 살펴보자.

[그림 5-44] 삼성전자 주가 차트

삼성전자는 2020년 11~12월 주가가 상승한 후 지속적으로 하락하는 중이다. 하반기에 반도체 가격 하락으로 외국인·기관투자자의 매도세가 이어졌다.

[그림 5-45] 네이버 주가 차트

　　네이버는 1~7월 언택트 수혜주로 상반기에는 상승했고 하반기에는 하락했다.

[그림 5-46] 삼성바이오로직스 주가 차트

　　삼성바이오로직스는 4~8월에 코로나 백신 생산 기대감에 상승한 후 차익 실현으로 나머지 기간에는 하락했다.

[그림 5-47] 삼성SDI 주가 차트

삼성SDI는 1~2월, 6~8월에 전기차 시장의 성장으로 상승했고 나머지 기간에는 차익 매물의 출현으로 하락했다.

[그림 5-48] 현대차 주가 차트

현대차는 1월에는 애플카 이슈로 급등했고 나머지 기간에는 하락했다. 현대차는 차량용 반도체 숏티지 등의 영향으로 자동차 생산·판매에 지장을 초래해 주가도 지속적으로 하락했다. 같은 기간 동안 외국인·기관투자자의 지속적인 매도세가 출회되었다.

[그림 5-49] 셀트리온 주가 차트

셀트리온은 2020년 11~12월 코로나 치료제 개발 재료로 상승한 후 나머지 기간에는 외국인·기관투자자의 매도세로 지속적으로 하락했다.

다음은 코스닥 시가총액 상위 종목의 2021년 주가 추이다.

[그림 5-50] 셀트리온헬스케어 주가 차트

셀트리온헬스케어는 2020년 12월에 급등했고 나머지 기간에는 하락했다. 바이오 업종은 2021년 지속적인 하락 추세를 보였다.

[그림 5-51] 에코프로비엠 주가 차트

에코프로비엠은 상반기 조정 이후 하반기에는 대규모 공급계약과 시설 투자 발표로 외국인·기관투자자의 매수세로 상승했다.

[그림 5-52] 엘앤에프 주가 차트

엘앤에프도 상반기에는 박스권에서 횡보하다가 하반기에는 지속적으로 상승했다. 하반기에는 외국인·기관투자자의 매수세로 상승이 이어졌다.

[그림 5-53] 펄어비스 주가 차트

펄어비스는 상반기에는 박스권을 보였고 8~11월에는 메타버스 게임 개발 재료로 기관투자자의 매수세가 집중되면서 주가가 급등했다.

[그림 5-54] 카카오게임즈 주가 차트

카카오게임즈는 신작 게임의 실적에 따라 7월 급등, 8~9월 하락, 10~11월에는 외국인·기관투자자의 매수세가 집중되면서 상승했다.

[그림 5-55] 위메이드 주가 차트

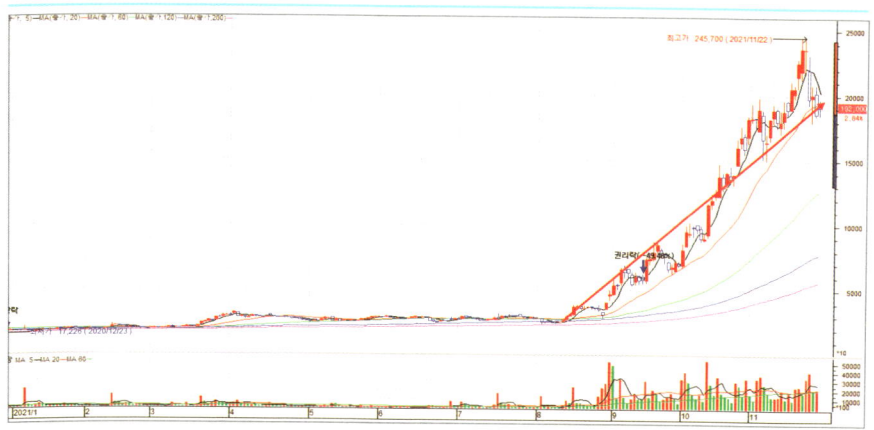

위메이드는 블록체인 신작 게임의 전 세계적인 흥행 덕분에 9월부터 주가가 급등했다. 게임주는 신작 게임의 성과와 주가가 연동된다.

[그림 5-56] SK머티리얼즈 주가 차트

SK머티리얼즈는 7월에만 주가가 상승했고 나머지 기간에는 박스권을 보였다. 외국인과 기관투자자의 매수세는 상반된 움직임을 보였다.

[그림 5-57] CJ ENM 주가 차트

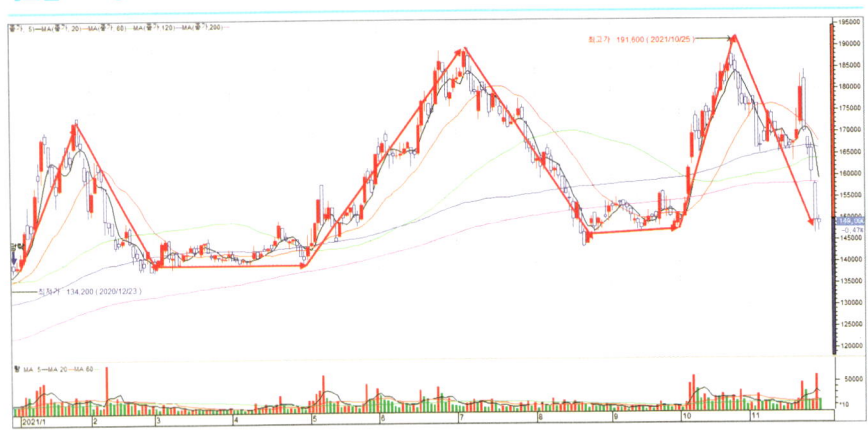

CJ ENM은 외국인·기관투자자가 매수하는 1월, 5~6월, 10월에 상승했고 차익 매도 기간에는 하락하며 박스권을 보였다.

[그림 5-58] 씨젠 주가 차트

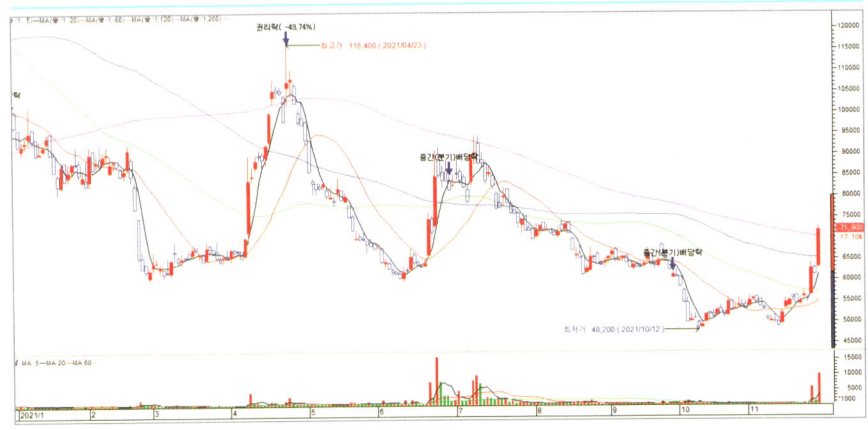

씨젠은 진단기기 업체로 코로나바이러스 확진자 증가와 기관투자자의 매수세에 따라 주가가 상승하거나 하락했다.

위의 코스피 · 코스닥 시가총액 상위 종목의 주가 추이에서 보았듯이 업종별 종목의 상승 시기가 다르고 섹터별로 주가가 움직이는 특징을 보이므로 해당 시기에 어떤 섹터와 종목이 주도주가 되는지 살펴보아야 하고 외국인과 기관투자자의 '투자 방향'을 집중 체크해 그들의 투자 방향에 맞추어 투자해야만 성공 확률이 높다. 특히 미국 주식시장의 상승 업종과 종목의 주가 흐름도 함께 잘 파악해야 한다.

국내 증시는 미국 증시의 영향을 많이 받으므로 미국 증시의 순환매 상황을 잘 파악해 국내 증시의 투자 종목 선정에 활용하는 것이 좋은 방법이다. 미국 증시와 한국 증시의 연관된 종목을 미리 정리해 공부하는 것도 필요하다. 투자 종목 선정은 주식시장의 내 · 외부 변수와 상황을 종합적으로 고려하고 기업의 실적 현황과 주가를 움직일 수 있는 모멘텀을 매일 뉴스나 공시 등을 이용해 파악하고 무엇보다 외국인 · 기관투자자의 수급을 확인하고 투자 종목을 선정해야 한다. 필자의 외국인 · 기관투자자 수급 투자법은 빠르게 변화하는 주식시장에서 섹터별 순환매와 돈의 흐름을 빨리 파악해 수익을 내는 방법이니 잘 숙지해 성공적인 투자를 하기 바란다.

제5장
왕초보도 땅짚고 헤엄치기 투자, 공모주 청약하는 법

1. 공모주란 무엇인가?

'공개모집 주식'의 약자로 기업이 증시에 상장할 때 IPO(Initial Public Offering) 즉, 기업을 일반 대중에게 공개하고 투자자로부터 자본을 조달받는 것이다. 공개모집 절차를 통해 개인투자자와 기관투자자에게서 투자 자금을 받고 회사의 발행 주식을 나눠주고 이 주식은 상장되어 주식시장에서 자유롭게 거래된다. 회사는 이렇게 마련한 자금으로 새로운 투자를 하거나 연구개발비로 사용하거나 은행 부채를 상환하거나 회사의 성장을 위한 다양한 용도로 사용한다.

2. 왜 공모주 투자를 해야 하나?

공모주는 한 번에 큰돈을 벌기는 어렵지만 저금리 시대에 안전하게 돈을 벌 수 있는 투자다. 공모주는 시세보다 저렴하게 공모해 상장 시 주가가 공모가격의 90~200% 사이에서 결정되고 인기 공모주는 소위 '따상'이라는 공모가격의 160% 시세차익도 얻을 수 있다. 최근 상장한 카카오페이, 디어유는 공모가 대비 시초가가 100% 상승한 가격에서 시작해 단기간에 매우 큰 수익을 올릴 수 있었다.

3. 공모주는 어떻게 사나?

기업공개를 할 때는 주관 증권사를 통해 상장이 추진되므로 공모주를 살 때는 IPO 주관사의 계좌를 개설해 공모주 청약을 하면 된다. 대형주 공모주 청약에는 여러 주관사에서 공동 참여하니 공모 수량이 많은 주관사에서 청약하고 중·소형주 청약에는 단일 주관사로 공모주를 모집한다.

4. 공모주 일정은 어떻게 알 수 있나?

증권거래소 전자공시 시스템 안에서 공모주 일정을 참고하거나 네이버에 '공모주'를 입력해 검색하면 공모주 일정 화면이 뜬다.

[그림 5-59] 네이버 공모주 일정

종목명	공모가	상장단계	주관사	청약종료일
대신밸런스제11호스팩	2,000	공모청약	대신증권	2021.11.23.
미래에셋글로벌리츠	5,000	공모청약	미래에셋증권	2021.11.24.
신한서부티엔디리츠	5,000	공모청약	한국투자증권	2021.11.26.
툴젠	100,000~120,000	수요예측	한국투자증권	2021.12.03.
케이티비네트워크	5,800~7,200	심사승인	한국투자증권	2021.12.07.
래몽래인	11,500~13,000	심사승인	IBK투자증권	2021.12.08.
교보11호스팩	2,000	심사승인	교보증권	2021.12.10.
하이제7호스팩	2,000	심사승인	하이투자증권	2021.12.10.
오토앤	4,200~4,800	심사승인	미래에셋증권	2021.12.15.
NH스팩22호	2,000	심사승인	NH투자증권	2021.12.17.

[그림 5-60] 공모주 세부 정보

[코스닥] 툴젠
공모가 100,000~120,000 / 업종 자연과학 및 공학 연구개… / 주관사 한국투자증권
진행상태 수요예측 / 개인청약 21.12.02~12.03 / 상장일 미정
- PDF [IPO] 툴젠 IR-BOOK
- PDF [IPO] 툴젠 기업개요
- PDF 툴젠, 2018년 하반기 코넥스 업종별 맞춤…
- PDF 2018년 상반기 코넥스 신성장기업 IR 컨퍼…

[코스닥] 케이티비네트워크
공모가 5,800~7,200 / 업종 기타 금융업 / 주관사 한국투자증권
진행상태 심사승인 / 개인청약 21.12.06~12.07 / 상장일 미정
- PDF [IR] 케이티비네트워크 IR자료
- PDF [IPO] 케이티비네트워크 기업개요

[코스닥] 래몽래인
공모가 11,500~13,000 / 업종 영화, 비디오물, 방송프로… / 주관사 BK투자증권
진행상태 심사승인 / 개인청약 21.12.07~12.08 / 상장일 미정
- PDF [IPO] 래몽래인 기업개요
- PDF 2018년 상반기 코넥스 상장기업 맞춤형 IR…

첨부파일을 다운로드받아 공모주의 투자설명서를 꼼꼼히 읽어보아야 한다.

주식투자, 거인의 어깨에 올라타라

5. 공모주 청약은 어떻게 하나?

증권사 홈트레이딩 시스템(HTS)이나 모바일 앱(MTS)에서 공모주 청약 메뉴를 이용해 청약하면 된다.

[그림 5-61] 공모주 청약 화면

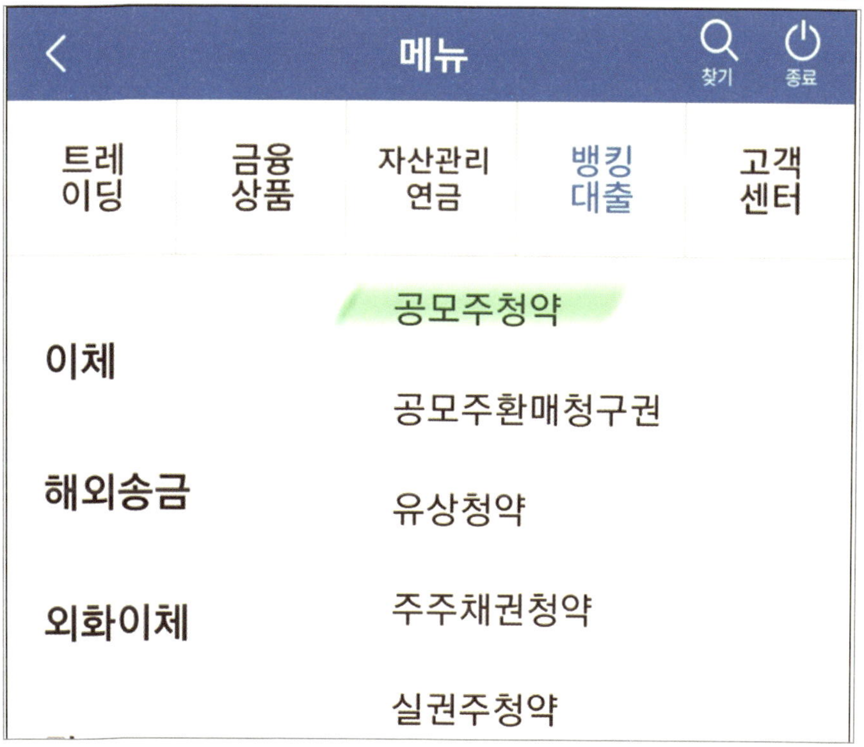

6. 공모주 청약금은 얼마나 있어야 하나?

공모주 청약을 받으려면 증권계좌에 청약 증거금을 입금해야 한다. 청약 방식에는 비례 방식과 균등 방식이 있다. 균등 방식은 최소 청약금 이상을 납입한 모든 청약자에 대해 동등한 배정 기회를 부여하는 방식이고 균등 방식이 적용된 물량을 제외한 물량은 청약 증거금 기준으로 비례 방식으로 적용해 배정한다.

청약 증거금은 공모가의 50%만 입금하면 된다. SKIET의 공모가격이 10만 원이고 최소 청약 주 수가 10주라면 100,000원 × 10주 × 50% = 500,000원을 입금하면 된다. 공모주는 경쟁률이 높으므로 비례 배정 방식은 청약 증거금을 많이 청약하는 청약자가 많은 수량을 배정받을 수 있다.

7. 공모주 배정은 어떻게 하나?

공모주는 시세보다 싸게 공모해 인기가 많으므로 경쟁률이 치열하다. 균등 배정의 경우, 공모주 모집 주 수가 100만 주이고 청약자가 100만 명이라면 1인당 1주씩 배정되고 비례 배정의 경우, 공모주 경쟁률이 1,000대 1인 경우에 1,000주를 신청하면 1주 배정, 10,000주를 신청하면 10주가 배정된다.

8. 청약 증거금은 언제 돌려받나?

원칙적으로 공모주 청약 2~3일 후 청약 계좌로 환불된다.

9. 공모주 투자는 무조건 청약만 하면 되나?

아니다. 공모주도 인기 없는 종목을 청약하면 100% 성공하는 것이 아니므로 다음과 같은 종목을 선정하면 성공 확률이 높다.

첫째. 기관투자자의 수요 예측 경쟁률이 1,000대1이 넘는 종목
 - 기관투자자의 인기를 끈다면 어느 정도 검증된 종목이다.

둘째, 시가총액이 큰 대형 IPO 기업
 - 카카오뱅크, 카카오페이, SK바이오팜, SK바이오사이언스, SK아이이테크놀로지, 현대중공업 등의 수익률이 높았다.
 - 시가총액이 큰 종목은 인덱스 지수에 편입될 수 있어 패시브 수급이 들어올 수 있기 때문이다.

셋째, 기관투자자의 확약 비율이 30% 이상인 종목
 - 상장일에 기관투자자가 팔지 않겠다는 확약 비율

넷째, 상장 시 유통 가능 주식이 30% 이하인 종목
 - 유통 가능 주식이 적으면 상장 시 상승할 확률이 높다.

다섯째, 시장에서 인기 있는 섹터 종목
 - 2차전지, 플랫폼, 바이오, 메타버스 등

공모주 투자는 초보자가 안전하게 티끌 모아 태산을 만드는 투자법이니 공모주 일정을 꼼꼼히 체크해 인기 있는 종목에는 모두 청약해 투자 수익을 올리기 바란다.

★ 꼭 알아두고 사용해야 할 필수 사이트 ★

1. 금융감독원 전자공시 시스템: 기업의 사업보고서, 주식발행, 주요 사항 보고 등 중요 내용을 볼 수 있는 사이트(비상장 기업도 열람 가능)

   – http://dart.fss.or.kr/

[그림 6-1] 금융감독원 전자공시 시스템(DART)

2. 증권거래소 전자공시 시스템: 상장기업의 사업보고서, 주식발행, 주요 사항 보고 등 중요 내용을 볼 수 있는 사이트(IPO 공모기업 열람 가능)

– https://kind.krx.co.kr/

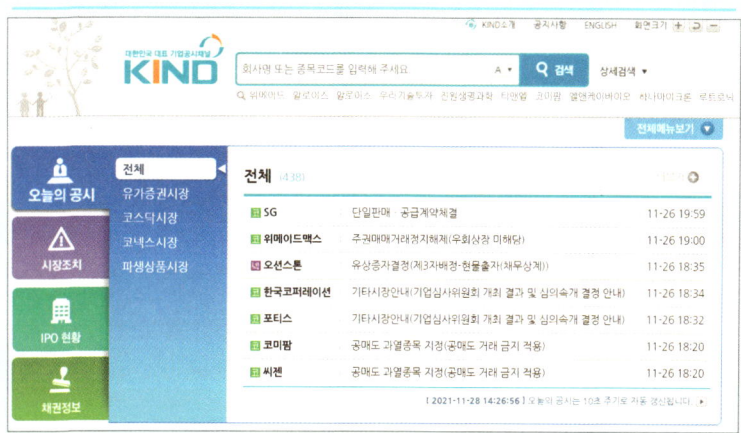

[그림 6-2] 증권거래소 전자공시 시스템(KIND)

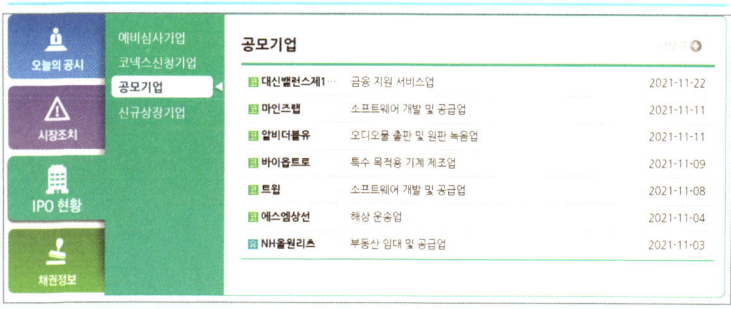

[그림 6-3] 전자공시 시스템(KIND) 공모기업

3. 공매도 종합 포털 시스템: 코스피, 코스닥 시장의 공매도 거래 내역, 공매도 잔고, 대차거래 정보를 확인할 수 있는 사이트

– http://short.krx.co.kr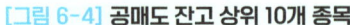

[그림 6-4] 공매도 잔고 상위 10개 종목

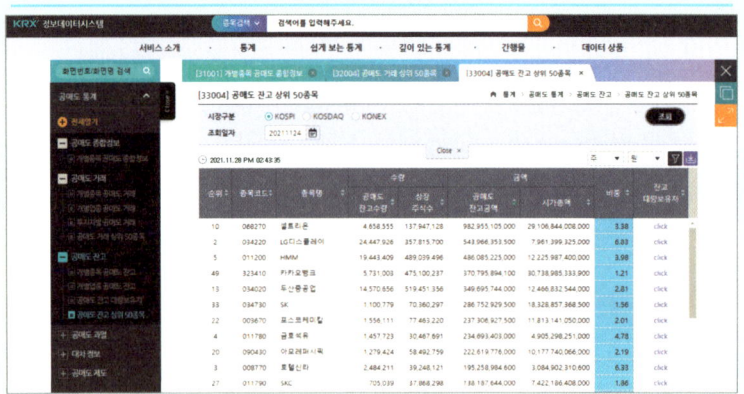

[그림 6-5] 대차거래 상위 10개 종목

4. KRX 정보데이터 시스템: 상장주식, 지수, 증권상품, 파생상품, 일반상품 등 다양한 분야에서 유용한 통계정보를 확인할 수 있는 사이트

– http://data.krx.co.kr

[그림 6-6] KRX 정보데이터 시스템

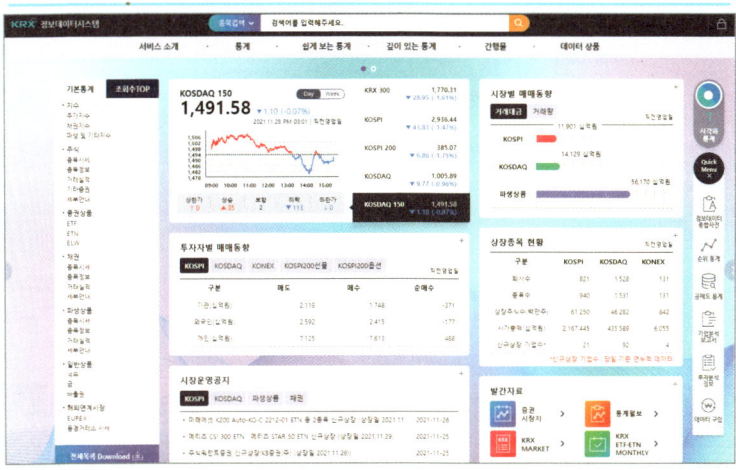

[그림 6-7] 투자자별 순매수 상위 종목

부록 꼭 알아두고 사용해야 할 필수 사이트

5. 금융투자협회: 증시 동향, 증시자금 추이, 신용공여 현황, 대차거래, 펀드 등 자본시장 통계정보를 확인할 수 있는 사이트

- http://kofia.or.kr/index.do

[그림 6-8] 금융투자협회

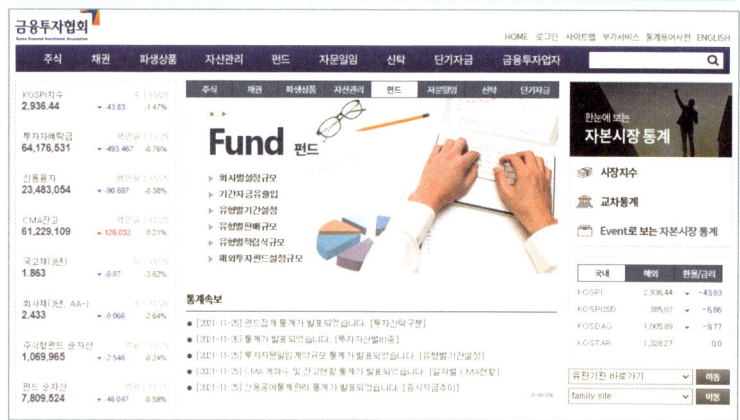

[그림 6-9] 증시자금 추이

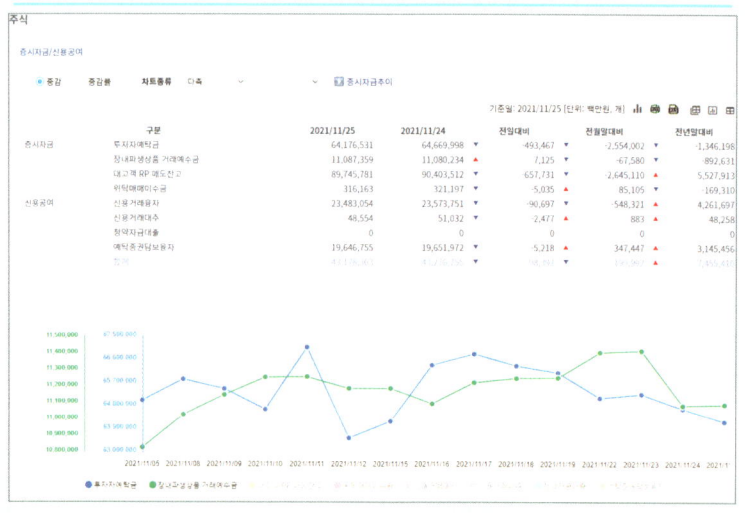

6. 한국예탁결제원 증권정보 포털 세이브로: 기업정보, 주식정보(대차정보, 배당정보, 비상장 유통정보), 채권정보, 펀드 정보, ETF 정보 등을 확인할 수 있는 사이트

 – http://seibro.or.kr

[그림 6-10] 증권정보 포털 세이브로

[그림 6-11] 배당순위 정보

순위	종목코드	종목명	주식종류	시장구분	주당배당금	시가배당률	액면가배당률	액면가
1	023450	동남합성	보통주	유가증권시장	9,900	29.50	1,980.00	
2	017390	서울도시가스	보통주	유가증권시장	16,750	21.14	335.00	5
3	950180	에스앤케이 KDR	보통주	코스닥시장	3,245	19.80	0.00	
4	008110	대동전자	보통주	유가증권시장	500	16.20	100.00	
5	155900	바다로19호선박투자회사	보통주	유가증권시장	0	12.80	7.04	5
6	012700	리드코프	보통주	코스닥시장	800	11.88	160.00	
7	003545	대신증권1우	우선주	유가증권시장	1,250	10.90	25.00	5
8	003540	대신증권	보통주	유가증권시장	1,200	8.60	24.00	5
9	138040	메리츠금융지주	보통주	유가증권시장	900	8.60	180.00	
10	000700	유수홀딩스	보통주	유가증권시장	500	8.60	20.00	2

7. KRX 지분정보 감시 통합 포털: 회사별 최대주주 변경 상황, 개인별 지분 현황, 대량(5% 이상) 보유자 현황 등을 확인할 수 있는 사이트

- https://sims.krx.co.kr/p/Main/

[그림 6-12] 감시 통합 포털

[그림 6-13] 지분공시 현황

No	일자		회사명	공시제목
1	2021-12-03	유	코오롱글로벌	임원·주요주주특정증권등소유상황보고서
2	2021-12-03	유	롯데관광개발	주식등의대량보유상황보고서(일반)
3	2021-12-03	코	하나마이크론	임원·주요주주특정증권등소유상황보고서
4	2021-12-03	코	넥스트BT	임원·주요주주특정증권등소유상황보고서
5	2021-12-03	유	삼성생명	임원·주요주주특정증권등소유상황보고서
6	2021-12-03	코	넥스트BT	주식등의대량보유상황보고서(일반)
7	2021-12-03	코	에스엠	주식등의대량보유상황보고서(일반)
8	2021-12-03	코	넥스트아이	주식등의대량보유상황보고서(일반)
9	2021-12-03	코	한국제8호스팩	주식등의대량보유상황보고서(약식)
10	2021-12-03	코	젬백스	주식등의대량보유상황보고서(일반)
11	2021-12-03	코	아미코젠	주식등의대량보유상황보고서(일반)
12	2021-12-03	유	이엔플러스	임원·주요주주특정증권등소유상황보고서
13	2021-12-03	유	코오롱글로벌	최대주주등소유주식변동신고서
14	2021-12-03	유	고려제강	최대주주등소유주식변동신고서
15	2021-12-03	코	골프존	임원·주요주주특정증권등소유상황보고서

8. 빅 파이낸스 사이트: 전자공시 데이터를 그래프로 손쉽게 보고 10년분 실적 데이터 등을 한 번에 확인할 수 있는 사이트

— https://bigfinance.co.kr

[그림 6-14] 빅 파이낸스 사이트

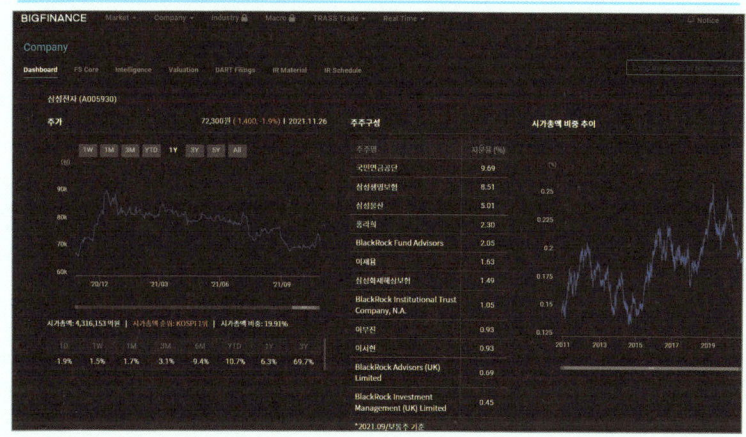

[그림 6-15] 삼성전자 손익 그래프

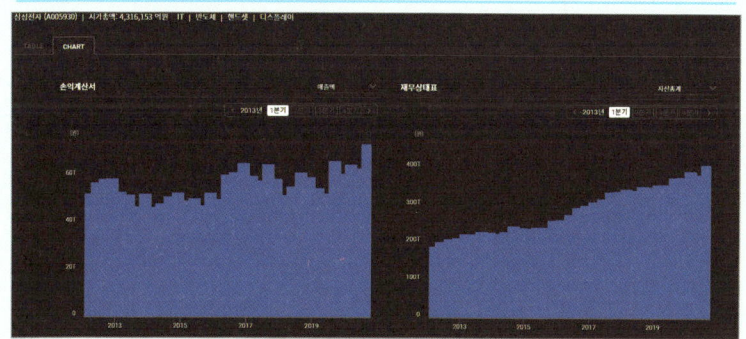

9. 컴퍼니가이드(CompanyGuide) 사이트: Fnguide에서 제공하는 기업정보, ETF 정보, 리포트, 실적정보 등을 종합적으로 확인할 수 있는 사이트

– http://comp.fnguide.com/

[그림 6-16] 컴퍼니가이드 기업정보

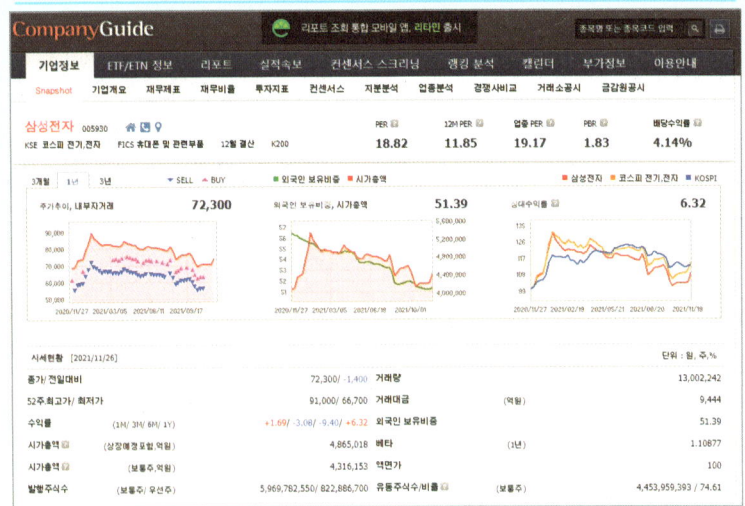

[그림 6-17] 운용사별 삼성전자 보유 현황 (2021년 9월 기준)

10. 해외 사이트 인베스팅닷컴: 해외 선물지수, 주가지수, 원자재지수, 환율 정보, 가상화폐 가격정보 등을 확인할 수 있는 사이트

– https://www.investing.com/

[그림 6-18] 인베스팅닷컴

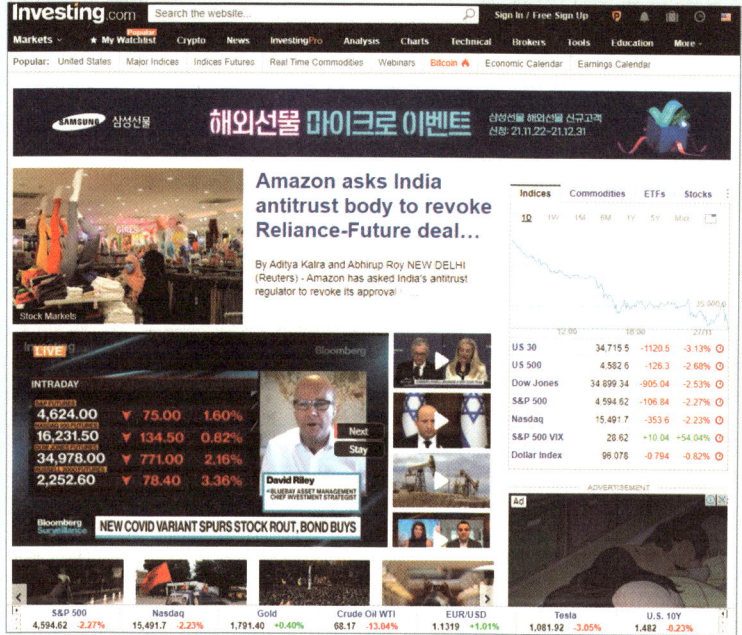

[그림 6-19] 해외 선물지수

Index	Month	Last	High	Low	Chg.	Chg. %	Time
US 30		34,561.50	34,805.40	34,265.10	-78.3	-0.23%	03/12
US 500		4,533.60	4,607.60	4,494.70	-43.5	-0.95%	03/12
US Tech 100		15,687.00	16,120.80	15,543.00	-303.8	-1.90%	03/12
Small Cap 2000		2,157.80	2,222.20	2,139.20	-44.2	-2.01%	03/12
S&P 500 VIX	Dec 21	28.50	31.50	25.38	+2.56	+9.87%	03/12
DAX	Dec 21	15,172.50	15,432.00	15,081.50	-95.5	-0.63%	03/12
CAC 40	Dec 21	6,772.00	6,869.00	6,722.00	-18.5	-0.27%	03/12
FTSE 100	Dec 21	7,128.20	7,196.20	7,090.00	-1.8	-0.03%	03/12
Euro Stoxx 50	Dec 21	4,080.00	4,152.00	4,053.00	-32	-0.78%	03/12
FTSE MIB	Dec 21	25,930.00	26,270.00	25,770.00	-70.00	-0.27%	03/12
SMI	Dec 21	12,213.00	12,292.00	12,124.00	+40.0	+0.33%	03/12
IBEX 35	Dec 21	8,195.50	8,368.50	8,192.50	-110.6	-1.33%	03/12

주식투자, 거인의 어깨에 올라타라

EPILOGUE

주식투자는 세상의 변화에 투자하는 것

지난 26년 동안 필자가 주식시장 경험에서 얻은 결론은 주식투자는 세상의 변화에 투자해야 한다는 것이다. 필자가 처음 경험한 컴퓨터는 1988년 무렵 외항선 항해사로 일할 때 대형 유조선에서 25만 톤 대량 원유를 적재하거나 하역할 때 컴퓨터로 계산해 운영하는 것을 목격하면서부터다(당시는 플로피 디스크로 운영될 정도로 초기 모델이었다). 또한, 당시 외항선에는 인공위성 항법장치(GPS)를 장착한 자동항법장치(오늘날의 내비게이션)로 운영되고 있었다. 그로부터 10여 년 후 자동차에도 내비게이션이 장착되는 것을 보면서 일찍 경험하는 것의 중요성을 실감했다.

당시 일본 카시오사에서 판매 중이던 포켓컴퓨터와 베이직 언어로 작동

되던 초기 모델의 제품을 구매하면서 컴퓨터프로그래밍 세상에 눈을 떴다. 외항선 항해사 생활을 하면서 포켓컴퓨터를 활용해 항로를 계산하며 업무에 활용해보니 무척 신속하고 편리해 컴퓨터 활용성을 일찍 체감했다.

1991년 무렵 5년 동안의 외항선 항해사 생활을 마감하고 컴퓨터를 더 배우기 위해 서울에 있는 컴퓨터 학원에 등록해 프로그래밍 공부를 했고 정보처리기사 자격증도 땄다. 그리고 '평생직장'인 전산직 공무원 시험에 합격해 경찰청 전산실에서 근무하게 되었다. 공무원으로 일하며 다시 야간대학 전자계산학과에 편입해 더 공부하게 돼 새로운 컴퓨터 세상에 눈을 뜨면서 내 직업도 컴퓨터 직종으로 전직하게 되었다.

당시 컴퓨터 운영체제를 개발한 마이크로소프트의 주가는 채 1달러도 안 되었는데 현재는 323달러로 300배 이상 올랐다. 그때 마이크로소프트 주식에 천만 원만 투자했다면 30억 원이 된 것이다. 당시에는 주식투자를 몰랐으니 아쉬울 뿐이다. 공무원 생활을 시작하던 1995년 무렵 인터넷이 등장하면서 당시 넷스케이프로 인터넷에 연결하기 위해 가끔 밤까지 새면서 인터넷에 빠져 또 다른 세상의 변화에 눈떴다. 당시는 2,400bps의 저속 모뎀으로 연결되어 속도도 느리고 답답했지만 전 세계가 인터넷으로 연결되기 시작했다.

미국에서는 구글, 아마존, 야후, 국내에서는 네이버, 다음 등이 탄생하던

시절이다. 인터넷 세상이 도래하면서 세상은 온라인 세상으로 빠르게 변했고 20여 년 만에 마이크로소프트, 구글, 아마존은 글로벌 시장에서 시가총액 상위 기업이 되었고 주가도 100배 이상 상승했다. 국내에서는 네이버의 주가가 2002년 1,800원에서 현재는 40만 원까지 200배 이상 상승했다. 2008년 세계 금융위기로 주식시장이 폭락했을 때 애플에서 아이폰이라는 스마트폰이 나오면서 세상은 다시 한 번 모바일 세상으로 변화했다. 당시 애플의 주가는 약 3달러였는데 현재는 179달러를 넘었으니 모바일 세상을 이끈 애플은 13년 만에 60배 이상 상승했고 전 세계 1위 기업이 되었다. 10년 전 국내에 출시된 카카오톡의 주가 5,000원은 올해 최고가 17만 원까지 30배 이상 상승했다.

2016년 프로바둑 기사 이세돌 9단과 인공지능 컴퓨터 '알파고'의 세기적인 바둑 대결 결과, 이세돌 9단은 알파고에게 1승 4패로 완패당했고 이후 알파고를 이긴 인간 바둑기사는 없었다. 그 이벤트 이후 세상은 인공지능에 대한 관심이 급증했고 글로벌기업의 인공지능 투자로 인공지능에 사용되는 GPU(그래픽 프로세서)를 판매하는 미국의 엔비디아 주가는 2016년 10달러에서 현재는 306달러로 30배 이상 상승했다. 또한, 최근에는 전기차 세상이 도래하면서 전기차와 자율주행차 분야의 선두 기업인 테슬라의 주가는 2019년 50달러에서 현재는 1,014달러로 불과 2년 만에 20배 이상 상승했다.

EPILOGUE

2021년 들어서는 메타버스 열풍이 불면서 페이스북은 '메카 플랫폼스'로 사명까지 변경했고 국내에서도 메타버스 기업의 주가는 급등했다. 최근 언론에 국내 최초의 컴퓨터 바이러스 백신 프로그램 개발업체인 코스닥 안랩의 창업자 안철수 전 국회의원이 10년 전 미국 스타트업 기업에 2천만 원을 투자했는데 현재는 200억 원이 되어 1,000배의 수익을 올렸다는 기사가 실렸다. 바로 미국의 로블록스였다. 이미 10년 전에 메타버스 세상에 투자한 안철수 대표의 뛰어난 투자 안목을 엿볼 수 있다. 이처럼 과거 30년간의 필자의 경험과 주식시장에서 성공한 기업의 핵심 성공 요인을 살펴보면 세상의 변화를 이끈 것은 언제나 기업이었다. 컴퓨터가 등장하면서 빠르게 정보처리를 할 수 있었고 인터넷이 등장하면서 온라인에서 세상의 모든 일이 이루어졌고 모바일 세상이 도래하면서 손 안의 컴퓨터 세상으로 바뀌었고 인공지능, 전기차·자율주행차, 메타버스 세상이 도래하는 중이다. 앞으로도 우리가 사는 세상의 변화를 바라보고 혁신적인 기술로 세상의 기술진화를 선도하는 기업에 투자해 성공하기 바란다.